Gut essen

Saucen und Suppen

Gut essen

Saucen und Suppen

Über 100 Rezept-Ideen

Pawlak

Autor und Bildredaktion: Helga Lederer, München
Konzeption und Gestaltung: Maasburg GmbH, München
Zeichnungen: Uschi Müller, München
Umschlaggestaltung: Bine Cordes, Weyarn
Printed in Italy
ISBN 3-88199-923-X

Inhalt

Vorwort

Seit es "Eßkultur" gibt, gibt es auch die Suppe. Ob als Stärkung zwischendurch oder klassisch zum Mittag- oder Abendessen, eine Suppe paßt fast immer. Das Wort Suppe ist abgeleitet vom französischen Wort "soupe", was eigentlich für eine Fleischbrühe steht, zu der stets Brot gegessen wird. Brot begleitete ursprünglich jede Suppenmahlzeit. Bei unseren Vorfahren gab es bereits zum Frühstück eine süße Milchsuppe, in die Brot gebrockt wurde. Die Basis einer Suppe ist meist eine Brühe, die aus Fleisch, Fisch, Geflügel oder Gemüse zubereitet wird. Die klassische Rindfleischbrühe ist die Grundlage für die Fleischbrühe (Bouillon), für Kraftbrühe (Consommé) oder dem Fond. Die klassische, feine Creme- oder Sahnesuppe basiert auf einer hellen Mehlschwitze. Es gibt aber noch andere Möglichkeiten Suppen zu binden, wie z. B. mit pürierten Gemüsen, Eiern, Sahne usw. – Die Vielfalt der Suppen reicht von feinen, gebundenen, klaren, leichten, bekömmlichen, deftigen, bis hin zu süßen Suppen. Es gibt Suppen als Vorspeise oder als Hauptgericht, mit Gemüse-, Nudeln-, Kartoffeln-, Reis-, Fleisch- oder Suppeneinlagen. Suppenrezepte gibt es in Hülle und Fülle. Hier wird eine breite Palette für alle Gelegenheiten vorgestellt. Die Sauce ist das A und O eines guten Essens. An einer Sauce erkennt man den guten Koch, denn sie macht ein Gericht erst vollkommen. Gerade in der modernen Küche, in der man ernährungsbewußt und schmackhaft kocht, spielt die Sauce eine große Rolle. Es gibt ganz einfache, raffinierte, üppige oder schlanke Saucen. Saucen müssen nicht kombliziert und kalorienreich sein. Saucen sind das Tüpfelchen auf dem "i", die alle Braten und Fleischgerichte begleiten, und sie sind die Grundlage von Frikassees und Ragouts. Beim Überbacken von Gemüse-, Eier- und Fischgerichten sorgen sie für eine pikante Vollendung und Abrundung. Eine gelungene, duftende Sauce macht ein Filetsteak noch feiner, einen gekochten Fisch zur Delikatesse oder gibt zarten Medaillons erst den richtigen Pfiff. Eine luftig-leichte Zabayone bringt ein Dessert zum krönenden Abschluß. Die Kreation neuer Saucen beflügelt die Fantasie vieler Köche immer wieder aufs Neue, so daß bald täglich neue Saucen kreiert werden – wenn es sich auch meist um die Abwandlung der wenigen klassischen Grundsaucen wie z.B. der weißen oder braunen handelt, warm oder kalt aufgeschlagen. Man kann mit hellen oder dunklen Fonds, Fleisch, Fisch, Gemüse, Kräutern, Gewürzen, süßer oder saurer Sahne, Milch, Joghurt, Eigelb, Butter, Käse, Wein, Spirituosen und vielen anderen Geschmacksstoffen abwandeln. Der Kochfantasie sind keine Grenzen gesetzt.

EXOTISCHE GEMÜSE

Aubergine – auch Eierfrucht genannt, hat eine dunkelviolette Schale und cremefarbenes Fleisch. Auberginen sollte man nie roh verzehren, sondern nur gekocht, geschmort, gegrillt oder fritiert.

Avocados – birnenförmige tropische Früchte mit Kern. Sie sind je nach Sorte hell- bis dunkelgrün, manchmal fast schwarz. Reife Avocados schmecken sahnig-mild und leicht nußartig. Man kann sie mit salzigen und süßen Zutaten verarbeiten.

Broccoli – schmeckt feiner als Kohl. Man ißt nicht nur die zarten grünen Röschen, sondern kann auch den fleischigen Strunk kleingeschnitten genießen, der leicht nach Spargel schmeckt.

Chicorée – eine Abart des Kaffee-Ersatzes Zichorie. Die Wurzel wird zunächst im Freiland angebaut und die Triebe als Viehfutter verwendet. Das zweite Jahr kommt sie in Gewächshäuser, um sie vor Kälte, Luftzug und Tageslicht abzuschirmen. Der blaßgelbe Trieb mit einem länglich-ovalen festen Blattkopf wird als Salat oder Gemüse gegessen.

Fenchel – ein typisch italienisches Gemüse. Der Fenchel ist eine weiß-grünliche Knolle mit festen, fleischig geríppten Blättern, an den röhrenförmigen Blattstielen wächst ein Dill-ähnliches Kraut, er schmeckt leicht nach Anis.

Frühlingszwiebeln – oder Lauchziebeln sehen wie junger Lauch aus, sind aber Zwiebelgewächse. Sie werden in Bündeln angeboten.

Kirschtomaten – auch Cocktail- oder Partytomaten genannt, kommen aus dem Mittelmeerraum und sind wegen ihres konzentrierten Aromas beliebt. Sie sind schön rot und haben Kirschgröße.
Okra – ist eine hellgelb-grüne sechseckige Schote, ähnlich der Peperoni, die zur Gattung der Malvenpflanze gehört. Sie schmecken etwas nach Bohnen, sind sehr mild und apart.

Spargel, grün – wächst im Gegensatz zum weißen oberirdisch und braucht kaum geschält zu werden. Die Enden sollte man beim grünen Spargel abschneiden. Er ist zart und hat einen interessanten Geschmack.

Schalotten – sind eine Zwiebelart von leicht violetter Färbung, die ebenso wie der Knoblauch mehrere Zehen unter der obersten Haut aufweist.

Staudensellerie – oder Bleichsellerie wächst in Büscheln, hat fleischige, gelbliche, hellgrüne Stengel und zarte Blätter.

Zucchini – sind kürbisartige Gewächse und den Gurken ähnlich. Sie sind meist mittel- bis dunkelgrün, weiß gestreift oder gefleckt, es gibt auch gelbe Früchte. Die Zucchini haben roh einen nußartigen Geschmack. Kleine Früchte werden ungeschält in Scheiben oder Stifte geschnitten verarbeitet.

AUFBAU DER REZEPTE

Die Rezepte sind, wenn nicht anders angegeben, für 4 Personen berechnet.
Die Zutaten sind in der Reihenfolge der Verwendung aufgelistet.
Die erstklassige Qualität von Fleisch und Zutaten sind eine Grundvoraussetzung für gutes Gelingen.
Frische Kräuter und Gewürze tragen ebenfalls zur geschmacklichen Steigerung der Rezepte bei.

Die Maßeinheiten wurden wie folgt abgekürzt:

1 TL = 1 Teelöffel
1 EL = 1 Eßlöffel
1 Tasse = ca. 1/8 l = 125 ml
1 Msp. = 1 Messerspitze
1 gestr. = 1 gestrichener
1 Weinglas = ca. 1/8 l = 125 ml
1 Schnapsglas = ca. 2 cl = 20 ml

Brühen und Suppeneinlagen

FISCHBRÜHE

2 l Wasser, 1 TL Salz, 2 Lorbeerblätter, 1 TL Thymian, 1 TL schwarze Pfefferkörner, 1 kg Fischabfälle (z. B. Köpfe, Gräten, Flossen usw.), 1 Stange Lauch, 2 Karotten, 2 Zwiebeln, 1/2 Sellerieknolle, 1 Petersilienwurzel

Für die Fischbrühe das Wasser mit dem Salz zum Kochen bringen und die Gewürze zugeben. In der Zwischenzeit die Fischabfälle unter kaltem Wasser putzen und waschen. Den Lauch putzen, waschen und in Stücke schneiden. Die Karotten und die Zwiebeln schälen. Die Karotten halbieren und die Zwiebeln vierteln. Den Sellerie und die Petersilienwurzel schälen und grob schneiden. Das Gemüse mit den Fischabfällen ins kochende Wasser geben, dann 90 Minuten im geschlossenen Topf sieden lassen. Eventuell entstehenden Schaum mit einer Kelle abschöpfen. Die Brühe durch ein Sieb gießen und nach Belieben weiterverwenden. Eventuell mit Weißwein oder Sherry abschmecken. Als Fischfond nochmals in einen breiten flachen Topf geben und auf die Hälfte einkochen lassen. Im Schnellkochtopf beträgt die Garzeit 20 Minuten. Geeignet für Suppen, Saucen und Fischeintöpfe.

GOUDAKLÖSSCHEN

1/4 l Milch, Salz, 30 g Butter, 50 g Grieß, 2 Eier, 75 g mittelalter Gouda, 25 g alter Gouda

Die Milch mit Salz und Butter aufkochen, den Grieß einstreuen und 10 Minuten quellen lassen. Den Topf vom Herd nehmen, etwas abkühlen lassen und 1 Ei unterrühren. Den Käse reiben. Das zweite Ei mit dem Käse unter den Grießbrei rühren. Mit zwei angefeuchteten Teelöffeln kleine Klößchen abstechen und in der Suppe, hier eine Tomatensuppe (Rezept s. Seite 13), ziehen lassen, bis sie aufsteigen.

Abbildung rechts

RINDFLEISCHBRÜHE

1,5 kg Rindfleisch, 500 g Markknochen, 2 l Wasser, Salz, 1 Stange Lauch, 2 Karotten, 2 Zwiebeln, 1/2 Sellerieknolle, 1 Petersilienwurzel, 1 Liebstöckelblatt, 1 Bund Petersilie, 1 Lorbeerblatt, 4 Nelken, 4 schwarze Pfefferkörner

Das Rindfleisch und die Knochen unter fließendem kaltem Wasser waschen. Den Lauch putzen, waschen und in Stücke schneiden. Die Karotten und die Zwiebeln schälen, die Karotten halbieren und die Zwiebeln vierteln. Den Sellerie und die Petersilienwurzel schälen und grob schneiden. Das Liebstöckel und die Petersilie waschen und abtropfen lassen. Das Gemüse mit dem Fleisch, den Knochen, Salz und den Gewürzen im kalten Wasser ansetzen, aufkochen, dann 90 Minuten im geschlossenen Topf sieden lassen. Entstehenden Schaum mit einer Kelle abschöpfen. Die Brühe durch ein Sieb gießen und weiterverwenden. Eventuell mit Weißwein oder Sherry abschmecken. Als Rinderfond die Brühe nochmals in einen breiten flachen Topf geben und auf die Hälfte einkochen lassen. Im Schnellkochtopf beträgt die Garzeit 30 Minuten.

Die Brühe kann man mit Klößchen, gekochtem Reis, Nudeln und feingeschnittenen Gemüsestreifen servieren.

HÜHNERBRÜHE

1 Suppenhuhn, 2 l Wasser, Salz, 1 Stange Lauch, 2 Karotten, 2 Zwiebeln, 1/2 Sellerieknolle, 1 Petersilienwurzel, 1 Liebstöckelblatt, 1 Bund Petersilie, 1 Lorbeerblatt, 4 Nelken, 4 schwarze Pfefferkörner

Das Suppenhuhn unter kaltem Wasser von innen und außen waschen. Den Lauch putzen, waschen und in Stücke schneiden. Die Karotten und die Zwiebeln schälen, die Karotten halbieren und die Zwiebeln vierteln. Den Sellerie und die Petersilienwurzel schälen und grob schneiden. Das Liebstöckel und die Petersilie waschen und abtropfen lassen. Das Gemüse mit dem Huhn, Salz, den Kräutern und den Gewürzen im kalten Wasser ansetzen, aufkochen, dann 90 Minuten im geschlossenen Topf sieden lassen. Entstehenden Schaum mit einer Kelle abschöpfen. Die Brühe durch ein Sieb gießen und weiterverwenden. Eventuell mit Weißwein oder Sherry abschmecken. Als Hühnerfond nochmals in einen breiten flachen Topf gießen und auf die Hälfte einkochen lassen. Im Schnellkochtopf beträgt die Garzeit 30 Minuten.

Die Suppe kann man mit Klößchen, gekochtem Reis oder Nudeln und feingeschnittenen Gemüsestreifen servieren.

MARKKLÖSSCHEN

100 g Rindermark, 2 Eigelb, 50 g Semmelbrösel, 1 EL gehackte Petersilie, Salz, weißer Pfeffer. Außerdem: 1 l Rindfleischbrühe

Das Mark durch ein Sieb streichen und mit einem Kochlöffel schaumig rühren. Die Eigelbe nach und nach unterrühren. Mit den Semmelbröseln und der gehackten Petersilie, 1 Prise Salz und frisch gemahlenem Pfeffer durchkneten. Mit angefeuchteten Händen walnußgroße Klößchen formen und in der heißen Brühe 10 Minuten ziehen lassen, sie dürfen nicht mehr kochen.

FLEISCHKLÖSSCHEN

1/2 Bund Petersilie, 1/2 Bund Schnittlauch, 1/2 Bund Dill, 1/2 Bund Estragon, 250 g gemischtes Hackfleisch, 1 Ei, 2 EL Semmelbrösel, 1 TL Senf, Salz, schwarzer Pfeffer. Außerdem: 1 l Rindfleischbrühe

Die Kräuer waschen, trockentupfen und kleinschneiden. Das Fleisch in eine Schüssel geben, mit dem Ei, den Semmelbröseln, den Kräutern, dem Senf, Salz und frisch gemahlenem Pfeffer mischen, dann einen Hackteig herstellen. Kleine Klößchen formen. Die Brühe zum Kochen bringen, die Klößchen dazugeben und 8 Minuten ziehen lassen.

BUTTERKLÖSSCHEN

125 g Butter, 1 Ei, Salz, 1 Prise Muskatnuß, feine Semmelbrösel nach Bedarf. Außerdem: 1 l Rindfleischbrühe

Die Butter, das Ei, das Salz und die Muskatnuß schaumig rühren, langsam die Semmelbrösel hinzugeben, die Masse sollte geschmeidig sein. Zugedeckt ca. 30 Minuten im Kühlschrank ruhen lassen. Aus der Masse kleine Klößchen formen und in die nicht mehr kochende Fleischbrühe geben. Die Butterklößchen ca. 8 Minuten ziehen lassen und die Suppe sofort servieren.

SCHWEMMKLÖSSCHEN

30 g Butter, 200 g Mehl, 2 Eier, 1/8 l Milch, Salz.
Außerdem: 1 l Rindfleischbrühe

Die Butter zerlaufen lassen. Aus dem Mehl, der Butter, den Eiern, der Milch und dem Salz einen festen Teig kneten. Den Teig 30 Minuten ruhen lassen. In einem Topf die Rindfleischbrühe aufsetzen und zum Kochen bringen. Mit dem Teelöffel Klößchen abstechen und in der kochenden Brühe 5 Minuten leicht sieden lassen. Dann noch 5 Minuten ziehen lassen.
Die Schwemmmklößchen schmecken als Suppeneinlage und zu Fleischgerichten mit Saucen oder zu Linsen ausgezeichnet.

KALBSBRÄTKLÖSSCHEN

1 l Rindfleischbrühe, 1 kleines Ei, 1 EL Semmelbrösel,
150 g Kalbsbrät, 1/2 Bund Petersilie, Salz, schwarzer Pfeffer

Die Rindfleischbrühe in einem Topf erhitzen. Für die Klößchen das Ei und die Semmelbrösel in eine Schüssel geben, dann das Kalbsbrät untermischen. Die Petersilie waschen, kleinschneiden und ebenfalls zum Fleischteig geben. Mit Salz und frisch gemahlenem Pfeffer abschmecken. Mit Hilfe von zwei Teelöffeln aus der Teigmasse kleine Klößchen formen und in der nicht mehr kochenden Rindfleischbrühe 10 Minuten ziehen lassen.

Klare Suppen

LEBERKNÖDELSUPPE

1 l Rindfleischbrühe, 400 g Rinderleber, 150 g Rindfleisch, 125 g Knödelbrot oder 4 altbackene Semmeln, 2 Zwiebeln, frische Kräuter (z. B. Petersilie, Majoran, Schnittlauch, Estragon, Liebstöckel), 2 kleine Eier, Salz, Pfeffer, Muskatnuß

Die Brühe in einem Topf zum Kochen bringen. Die Leber und das Rindfleisch durch den Fleischwolf (feine Scheibe) drehen. Knödelbrot in lauwarmem Wasser einweichen. Die Zwiebeln schälen und fein würfeln. Die Kräuter waschen und kleinhacken. Die Fleischmasse in eine Schüssel geben und mit den Zwiebeln, Kräutern und den Eiern vermischen. Das Knödelbrot ausdrücken und ebenfalls unterkneten. Mit Salz, frisch gemahlenem Pfeffer und etwas Muskatnuß abschmecken. Mit nassen Händen nicht zu große Knödel formen und mit dem Schaumlöffel vorsichtig in die kochendheiße Brühe geben. 15 Minuten ziehen lassen, die Brühe darf nicht mehr kochen, da die Knödel sonst zerfallen.

CHAMPIGNONESSENZ MIT KÄSESTERNCHEN

(für 6 Personen)

1 kg frische Champignons, 1 TL Zitronensaft, 2 Zwiebeln, 1 l Rindfleischbrühe, Salz, weißer Pfeffer, 4 EL weißer Portwein oder trockener Sherry, 2 Scheiben Toastbrot, 1 EL Butter, 2 Scheiben mittelalter Gouda

Die Champignons putzen, eventuell waschen und in feine Scheiben schneiden. 12 Champignonscheiben mit Zitronensaft beträufeln und beiseite stellen. Die Zwiebeln schälen und würfeln und mit den restlichen Champignons in der Brühe ca. 30 Minuten kochen lassen. Die Champignons durch ein Haarsieb in einen zweiten Topf abgießen und den Sud nochmals erhitzen. Mit Salz, frisch gemahlenem Pfeffer, Portwein oder Sherry abschmecken. Die Brotscheiben toasten, mit der Butter bestreichen und mit den Goudascheiben belegen. Mit einem Gebäckausstecher kleine Sterne ausstechen und unter dem Grill kurz überbacken.

Die heiße Champignonessenz in vorgewärmte Tassen füllen, Käsesternchen und die beiseite gestellten Champignonscheiben darin schwimmen lassen. Sofort heiß servieren. *Abbildung oben*

KLARE TOMATENSUPPE

2 kg Tomaten, 1/2 l Wasser, Salz, weißer Pfeffer, 1/2 TL Zucker, 16 Kirschtomaten. Zum Garnieren: etwas Kerbel

Die Tomaten waschen und grob würfeln. Mit dem Wasser 15 Minuten kochen lassen. Mit einem Mixstab pürieren und durch ein Spitzsieb laufen lassen. Die klare Tomatenbrühe mit Salz, frisch gemahlenem Pfeffer und dem Zucker abschmecken. Die Kirschtomaten mit kochendem Wasser übergießen und häuten. Die Tomaten in die Brühe geben und erhitzen. Den Kerbel waschen und in Blättchen zupfen. Die Suppe auf Tassen aufteilen und mit den Kerbelblättchen bestreut servieren. Dazu schmeckt französisches Weißbrot, geröstete Weißbrotcroûtons oder auch Goudaklößchen (Rezept s. Seite 12).

LEBERSPÄTZLESUPPE

1 l Rindfleischbrühe, 400 g Rinderleber, 150 g Rindfleisch, 125 g Knödelbrot oder 4 altbackene Semmeln, 2 Zwiebeln, frische Kräuter (z. B. Petersilie, Majoran, Schnittlauch, Estragon, Liebstöckel), 2 kleine Eier, Salz, schwarzer Pfeffer, Muskatnuß

Die Brühe in einem Topf zum Kochen bringen. Die Leber und das Rindfleisch durch den Fleischwolf (feine Scheibe) drehen. Das Knödelbrot in lauwarmem Wasser einweichen. Die Zwiebeln schälen und fein würfeln. Die Kräuter waschen und kleinhacken. Die Fleischmasse in eine Schüssel geben und mit den Zwiebeln, den Kräutern und den Eiern vermischen. Das Knödelbrot ausdrücken und ebenfalls unterkneten. Mit Salz, frisch gemahlenem Pfeffer und etwas Muskatnuß abschmecken. Die Brühe in einem Topf zum Kochen bringen, und die Masse durch ein Spätzlesieb in die heiße Fleischbrühe streichen, ca. 10 Minuten garen lassen und heiß servieren.

PFANNKUCHENSUPPE

150 g Mehl, 3 Eier, 1/4 l Milch. Zum Ausbacken: 2 EL Öl. Zum Garnieren: 1 Bund Petersilie. Außerdem: 1 l Rindfleischbrühe

Das Mehl in eine Schüssel sieben, die Eier dazugeben und mit der Milch zu einem nicht zu dünnen Teig verarbeiten. 30 Minuten ruhen lassen. Das Öl in einer Pfanne erhitzen und dünne Pfannkuchen ausbacken. Jeden Pfannkuchen aufrollen und mit einem scharfen Messer in dünne Streifen schneiden. Die Petersilie waschen und fein hacken. Die Rindfleischbrühe in einem Topf erhitzen und die Pfannkuchenstreifen einlegen, nur noch ziehen lassen.

Die Suppe mit der Petersilie bestreut servieren.

Gebundene Suppen

ROQUEFORTRAHMSUPPE MIT KREBSEN

12 schöne Flußkrebse oder Scampi, 2 Schalotten, 2 EL Butter (evtl. auch Krebs- oder Hummerbutter), 100 ml trockener Weißwein, 1/2 l Fischfond, 80 g Roquefort, 200 g süße Sahne, Salz, weißer Pfeffer, 1 Eigelb, 1 EL süße Sahne. Zum Garnieren: Kerbel

Die Flußkrebse oder Scampi mit dem Kopf zuerst in reichlich kochendes Salzwasser geben und ca. 5 Minuten (je nach Größe) kochen. Die Krebse herausnehmen und aus den Schalen lösen. Die Därme entfernen. Die Krebsschwänze beiseite legen. Die Krebskörper bzw. die Schalen zerstoßen. Die Schalotten schälen, würfeln und in der Butter leicht anschwitzen. Die zerstoßenen Krebskörper hinzugeben, ebenfalls kurz anschwitzen und dann mit dem Weißwein ablöschen. Mit dem Fischfond auffüllen und ca. 30 Minuten ziehen lassen. Danach den Sud durch ein feines Sieb passieren. Den Roquefort mit der Sahne erwärmen und zum Sud geben. Die Suppe 5 Minuten leicht köcheln lassen, dann mit Salz und frisch gemahlenem Pfeffer abschmecken. Die beiseite gestellten Krebsschwänze dazugeben. Zum Schluß das Eigelb mit der Sahne verquirlen und in die Suppe einrühren. Die Kerbelblättchen abbrausen, abtropfen lassen und die fertige Suppe damit garnieren.

Abbildung rechts

SOCIÉTÉ

LACHSCREMESUPPE

3/4 l kräftige Rindfleischbrühe, 400 g frischer Lachs, 250 g Lauch, je 2 rote, weiße und normale Zwiebeln, weißer Pfeffer, 2 EL geriebener Leerdamer, 250 g süße Sahne

Die Brühe in einem Topf erhitzen. Die Lachsstücke waschen und trockentupfen, dann in die heiße Brühe einlegen und 10 - 15 Minuten gar ziehen lassen, je nach Größe der Stücke. Den Lachs herausheben, etwas abkühlen lassen, häuten, die Mittelgräte und die anderen Gräten herauslösen und den Fisch in mundgerechte Stücke zerteilen. Den Lauch putzen und waschen. Die Zwiebeln schälen und mit dem Lauch in Ringe schneiden. Das Gemüse in die Brühe geben und 15 Minuten garen. Mit frisch gemahlenem Pfeffer abschmecken. Den Käse reiben und mit der Sahne dazugeben, einmal aufkochen lassen. Den Lachs in die Suppe geben und nochmals vorsichtig erwärmen.
Die Suppe mit Stangenweißbrot heiß servieren.

PAPRIKA-ZWIEBEL-SUPPE

1 l Rindfleischbrühe, 500 g Zwiebeln, 2 rote Paprikaschoten (300 g), 3 EL Butter, 1 Knoblauchzehe, Salz, schwarzer Pfeffer. Zum Garnieren: 1 Scheibe Schwarzbrot, 1 TL Butter, 1 Frühlingszwiebel grün

Die Rindfleischbrühe in einem Topf erhitzen. Die Zwiebeln schälen und in Ringe schneiden. Die Paprikaschoten waschen, halbieren, entkernen und in feine Streifen schneiden. Die Butter in einer Pfanne erhitzen, die Zwiebelringe und zwei Drittel der Paprikaschoten darin andünsten. Die Knoblauchzehe schälen, halbieren und eine Suppenterrine damit ausreiben, dann die heiße Brühe einfüllen. Das gedünstete Gemüse mit Salz und frisch gemahlenem Pfeffer abschmecken, dann mit dem Fett in die Terrine gießen. Das Schwarzbrot etwas zerbröseln und in der Butter anrösten. Das Frühlingszwiebelgrün waschen und in dünne Röllchen schneiden.
Die Suppe vor dem Servieren mit den gerösteten Brotkrumen und den Frühlingszwiebelröllchen bestreut servieren.

KÜRBISSUPPE

1 kg geschälte, entkernte Kürbisstücke, 2 EL Zucker, 1 TL Zimt, Saft von 1 Zitrone, 1/4 l Wasser, 75 ml Weißwein, 3/4 l Vollmilch, 200 g Sahne, 1 Eigelb, 2 Brötchen, 50 g Butter, 1 EL Zucker

Die Kürbisstücke mit Zucker, Zimt, Zitronensaft, Wasser und Weißwein ca. 20 Minuten weich kochen. Im Mixer pürieren und mit der Milch wieder aufkochen. Eventuell nochmals mit Zucker und Zimt abschmecken. Die Sahne mit dem Eigelb verquirlen und unter die nicht mehr kochende Suppe rühren. Das Brötchen in Würfel schneiden. Die Butter in einer Pfanne zerlassen und die Brotwürfel mit dem Zucker bestreut in der Butter anrösten.
Die Suppe mit den Brötchenwürfeln als Beilage servieren.

STEINPILZSUPPE

500 g frische Steinpilze, 1 Zwiebel, 1 Knoblauchzehe, 2 EL Butter, 1/2 l Rinderfond, 250 g saure Sahne, 1 Bund Petersilie, 1 EL Mehl, 2 EL Wasser, 4 Eigelb, Salz, weißer Pfeffer

Die Pilze putzen, nach Möglichkeit nicht waschen, dann nicht zu kleinschneiden. Die Zwiebel und die Knoblauchzehe schälen und fein würfeln.
Die Butter in einem Topf erhitzen und die Zwiebel- und die Knoblauchwürfel darin andünsten, dann die Pilze dazugeben und umrühren. Mit dem Rinderfond aufgießen und 10 Minuten kochen lassen. Die saure Sahne einrühren. Die Petersilie waschen und fein hacken. Das Mehl mit dem Wasser anrühren, zur Suppe geben, nochmals aufkochen und die Petersilie dazugeben. Die Eigelbe verquirlen und unter die nicht mehr kochende Suppe rühren. Mit Salz und frisch gemahlenem Pfeffer abschmecken.

ERBSENSUPPE MIT EIERSTICH

600 g tiefgekühlte Erbsen, 1 l Rindfleischbrühe, 20 g Butterschmalz, 20 g Mehl, Salz, weißer Pfeffer

Die Erbsen in der Rindfleischbrühe auftauen und zum Kochen bringen. Danach die Erbsen durch ein Sieb abtropfen lassen. Die Hälfte der Erbsen und der Brühe mit einem Mixstab pürieren. Die andere Hälfte als Einlage beiseite stellen. Das Butterschmalz mit dem Mehl unter Rühren zu einer Mehlschwitze rühren, mit der Erbsenbrühe aufgießen, aufkochen lassen und mit Salz und frisch gemahlenem Pfeffer abschmecken. Zum Schluß die ganzen Erbsen hinzugeben und die Suppe warm stellen. Den Eierstich (Rezept s. unten) zubereiten.
Die Erbsensuppe beim Servieren mit den Eierstichwürfeln garnieren.

EIERSTICH

2 Eier, 4 EL Milch, Salz, 1 Prise geriebene Muskatnuß, 20 g Butterschmalz

Die Eier mit der Milch, Salz und Muskatnuß verrühren. Das Butterschmalz in einer Pfanne erhitzen und die Masse eingießen. Stocken lassen, dann die Eimasse zur Hälfte übereinanderklappen. Solange weitergaren, bis der Eierstich fest ist. Auf ein Brett legen und mit einem Messer in Würfel schneiden.

ZUCCHINICREMESUPPE

1 Zwiebel, 1 Knoblauchzehe, 500 g Zucchini, 2 EL Butter, 400 ml Rinderfond, 250 g Crème fraîche, 100 g Roquefort, 1 Bund gemischte Kräuter, 4 Eigelb, Salz, weißer Pfeffer, Zucker, Muskatnuß, 1 EL Weißwein, 200 g süße Sahne. Zum Garnieren: 4 Zucchinischeiben, einige Kräuterblättchen

Die Zwiebel und die Knoblauchzehe schälen und fein würfeln. Die Zucchini waschen und kleinschneiden. Die Butter in einem Topf erhitzen und die Zucchini sowie die Zwiebel- und Knoblauchwürfel andünsten. Mit dem Rinderfond aufgießen und 10 Minuten kochen lassen. Mit einem Mixstab pürieren oder durch ein Sieb streichen. Die Crème fraîche und den Käse einrühren. Die Kräuter waschen, fein hacken und dazugeben. Die Eigelbe verquirlen und unter die nicht mehr kochende Suppe rühren. Mit Salz, frisch gemahlenem Pfeffer, Zucker, 1 Prise geriebener Muskatnuß und dem Weißwein abschmecken. Die Sahne steif schlagen und vorsichtig unter die fertige Suppe rühren.

Die Suppe mit je einer Zucchinischeibe und ein paar Blättchen Kräuter garnieren.

Mit knusprigem Baguette oder Weißbrot servieren. *Abbildung oben*

CHAMPIGNONSUPPE

500 g Champignons, 1 Zwiebel, 2 Knoblauchzehen, 2 EL Butter, 1 l Rindfleischbrühe, 1/4 l saure Sahne, 1 Bund Petersilie, 1 EL Mehl, 2 EL Wasser, 4 Eigelb, Salz, weißer Pfeffer

Die Pilze putzen, nach Möglichkeit nicht waschen, dann kleinschneiden. Die Zwiebel und Knoblauchzehen schälen und fein würfeln. Die Butter in einem Topf erhitzen und die Zwiebel- und die Knoblauchwürfel andünsten. Die Champignons hinzugeben und umrühren. Mit der Rindfleischbrühe aufgießen und 10 Minuten kochen lassen. Die saure Sahne einrühren. Die Petersilie waschen und fein hacken. Das Mehl mit dem Wasser verrühren und zur Suppe geben, nochmals aufkochen und die Petersilie dazugeben. Die Eigelbe verquirlen und unter die nicht mehr kochende Suppe rühren. Mit Salz und frisch gemahlenem Pfeffer abschmecken. Dazu Baguette reichen.

BROCCOLICREMESUPPE

1 Zwiebel, 1 Knoblauchzehe, 500 g Broccoli, 2 EL Butter, 400 ml Rinderfond, 250 g Crème fraîche, 1 Bund gemischte Kräuter, 1 EL Speisestärke, 2 EL Wasser, 4 Eigelb, Salz , weißer Pfeffer, Zucker, Muskatnuß, 1 EL Weißwein, 200 g süße Sahne

Die Zwiebel und die Knoblauchzehe schälen und fein würfeln. Den Broccoli waschen und kleinschneiden. Die Butter in einem Topf erhitzen und den Broccoli sowie Zwiebel- und Knoblauchwürfel andünsten. Mit dem Rinderfond aufgießen und 10 Minuten kochen lassen. Mit einem Mixstab pürieren oder durch ein Sieb streichen. Die Crème fraîche einrühren. Die Kräuter waschen und fein hacken. Die Speisestärke mit dem Wasser anrühren und zur Suppe geben. Nochmals aufkochen lassen und die Kräuter dazurühren. Die Eigelbe verquirlen und unter die nicht mehr kochende Suppe rühren. Mit Salz, frisch gemahlenem Pfeffer, dem Zucker, 1 Prise geriebener Muskatnuß und dem Weißwein abschmecken. Die Sahne steif schlagen und vorsichtig unter die fertige Suppe rühren. Sofort heiß mit Weißbrot servieren.

GRATINIERTE ZWIEBELSUPPE

1 l Rindfleischbrühe, 750 g Zwiebeln, 2 EL Butter,
2 EL Schweineschmalz, 1 Knoblauchzehe, Salz, schwarzer Pfeffer,
4 dünne Weißbrotscheiben, 100 g geriebener Emmentaler

Die Rindfleischbrühe in einem Topf erhitzen. Zwiebeln schälen und in Ringe schneiden. Die Butter und das Schmalz in einer Pfanne erhitzen und die Zwiebelringe darin anrösten. Die Knoblauchzehe schälen, halbieren und die 4 Suppentassen damit ausreiben, dann die heiße Rindfleischbrühe einfüllen. Die gerösteten Zwiebelringe mit dem heißen Fett in die Suppentassen aufteilen. Die Brotscheiben im Toaster rösten, auf die Suppe legen und mit dem Käse bestreuen. Unter dem Grill einige Minuten goldgelb überbacken und sofort servieren.

RADIESCHENSUPPE

2 Bund Radieschen, 3/4 l Hühnerbrühe, 150 g Crème fraîche,
1/2 TL Zitronensaft, 1 Prise Zucker, weißer Pfeffer, 1 Eigelb

Die Radieschen putzen, waschen und 4 Stück beiseite legen. Die restlichen Radieschen zuerst in Scheiben und dann in Streifen schneiden. Die Blätter von einem Bund verlesen, gut waschen, abtropfen lassen und in feine Streifen schneiden. Die Hühnerbrühe zum Kochen bringen und Crème fraîche einrühren. Radieschenstreifen dazugeben und einmal aufkochen lassen. Mit Zitronensaft, Zucker und frisch gemahlenem Pfeffer abschmecken. Das Radieschengrün einstreuen und die Suppe nicht mehr kochen lassen. Das Eigelb verquirlen und zum Schluß unter die Suppe rühren. Die vier restlichen Radieschen in Scheiben schneiden und die Suppen damit garnieren.
Dazu schmeckt knuspriges Baguette oder ein herzhaftes Vollkornbrot.

Feine Suppen

AUSTERNPILZESSENZ MIT BLÄTTERTEIGHAUBE

400 g Austernpilze, 2 Schalotten, 2 EL Butter, 1 l Rindfleischbrühe, Salz, schwarzer Pfeffer, 1 EL Worcestersauce, Zitronensaft, 1/2 Bund Basilikum, 200 g Blätterteig (tiefgefroren). Zum Ausrollen: 1 EL Mehl, 2 Eigelb

Die Austernpilze mit Küchenpapier abreiben, putzen und in schmale Streifen schneiden. Schalotten schälen und fein hacken. Butter erhitzen und die Schalotten glasig dünsten. 3/4 der Pilze hinzufügen und kurz anbraten. Mit der Rindfleischbrühe aufgießen und bei geringer Hitze 5 Minuten kochen lassen. Mit Salz, frisch gemahlenem Pfeffer, Worcestersauce und Zitronensaft abschmecken. Basilikumblätter waschen und dazugeben. Den Blätterteig auftauen und dann auf einer bemehlten Fläche messerrückendick ausrollen. Mit einer feuerfesten Suppentasse 4 Kreise aus dem Teig stechen. Den Backofen auf 200 Grad C vorheizen. Die Pilzessenz durch ein Sieb gießen und nochmals abschmecken. Die beiseite gelegten Pilzstreifen in den Tassen aufteilen, mit der Brühe übergießen und jeweils die Ränder der Suppentassen mit verquirltem Eigelb bestreichen. Die Teigdeckel vorsichtig darauf setzen und die Ränder festdrücken. Mit dem restlichen Eigelb bepinseln und auf die mittlere Schiene des Backofens geben. 30 Minuten backen, bis der Blätterteig schön aufgegangen und goldbraun ist. Heiß aus dem Ofen servieren. *Abbildung rechts*

MIESMUSCHELSÜPPCHEN

1 Stange Lauch, 2 Zwiebeln, 40 g Butter, 800 g frische, geputzte Miesmuscheln, 1/2 l trockener Riesling, 2 EL Butter, 2 EL Mehl, 250 g Jakobsmuschelfleisch, 150 g Crème fraîche, Salz, 120 g Sauerampfer oder Kerbel

Den Lauch putzen, waschen und in Ringe schneiden. Die Zwiebeln schälen und würfeln. Die Butter in einer Pfanne erhitzen und die Hälfte von Lauch und Zwiebeln 5 Minuten darin andünsten, dann die Muscheln dazugeben. Die Hälfte vom Weißwein aufgießen und zugedeckt kochen lassen, bis die Muscheln gar sind. Die Muscheln herausnehmen, mit Butter und Mehl binden und kurz aufkochen. Die Jakobsmuscheln im restlichen Wein mit Lauchringen und Zwiebelwürfeln pochieren, bis sie gar sind. Herausnehmen und warm stellen. Mit einem Mixstab den Sud pürieren und mit der Crème fraîche verfeinern. Durch ein Haarsieb gießen und mit Salz abschmecken. Die Mies- und Jakobsmuscheln dazugeben und nochmals erhitzen. Den Sauerampfer waschen, in feine Streifen schneiden, zur Suppe geben und diese heiß servieren.

SÜSS-SAURE AALSUPPE

(für 4 - 6 Personen)

1 1/2 l Rindfleischbrühe, 2 Bund Suppengrün, 300 g Dörrobst, 4 EL Mehl, 4 EL Wasser, 250 g Räucher- oder frischer Aal, 1 Bund frische Kräuter (z. B. Petersilie, Salbei, Basilikum, Majoran), Salz, weißer Pfeffer, 1 Prise Zucker, 1 EL Weinessig

Die Brühe in einem Topf erhitzen und das geputzte, gewaschene Suppengrün, Dörrobst, eventuell etwas zerkleinert, dazugeben. 20 Minuten leicht kochen lassen. Das Mehl mit etwas Wasser anrühren und die Suppe damit binden. Den Aal von Haut und Gräten befreien, dann in ca. 5 cm große Stücke schneiden. Die Kräuter waschen, grob hacken und mit dem Aal zur Suppe geben. Nochmals 15 Minuten kochen lassen. Mit Salz, frisch gemahlenem Pfeffer, dem Zucker und dem Weinessig süßsauer abschmecken.

DELIKATE KRABBENSUPPE

(für 6 Personen)

500 g Kartoffeln, 2 Zwiebeln, 2 Knoblauchzehen, 3 Karotten, 2 Stangen Lauch, 3 EL Butter, 1 1/2 l Rindfleischbrühe, Salz, schwarzer Pfeffer, 1 TL Paprikapulver, 200 g Krabben, 200 g saure Sahne. Zum Garnieren: 1 Bund Dill

Kartoffeln schälen und würfeln. Zwiebeln und die Knoblauchzehen schälen und klein würfeln. Die Karotten schälen und in Scheiben schneiden. Lauch putzen, in Streifen schneiden, waschen und abtropfen lassen. 1/4 der Lauchstreifen beiseite stellen. Die Butter in einem Topf erhitzen, das Gemüse darin andünsten und mit der Brühe aufgießen. Mit Salz, frisch gemahlenem Pfeffer und dem Paprikapulver abschmecken. Die Gemüsesuppe pürieren und die Krabben dazugeben. Die Suppe noch 20 Minuten kochen lassen. 5 Minuten vor Ende der Garzeit die restlichen Lauchstreifen zufügen. Die saure Sahne unterrühren. Den Dill waschen, kleinschneiden und die fertige Suppe damit bestreuen.

KARTOFFELSUPPE MIT RÄUCHERLACHS

250 g Kartoffeln, 1 Zwiebel, 1 Knoblauchzehe, 1 Karotte, 1 Stange Lauch, 2 EL Butter, 3/4 l Rindfleischbrühe, Salz, schwarzer Pfeffer, 1/2 TL Paprikapulver, 100 g Räucherlachs, 150 g Crème fraîche. Zum Garnieren: 1/2 Bund Petersilie

Die Kartoffeln schälen und in Würfel schneiden. Die Zwiebel und die Knoblauchzehe schälen und klein würfeln. Die Karotte schälen und in Scheiben schneiden. Den Lauch putzen, in Ringe schneiden, waschen und abtropfen lassen. Die Butter in einem Topf erhitzen, das Gemüse darin andünsten, mit der Brühe aufgießen. Mit Salz, frisch gemahlenem Pfeffer und dem Paprikapulver abschmecken. Die Suppe 20 Minuten kochen. Den Lachs in Streifen schneiden und zur Suppe geben. Die Crème fraîche unterrühren. Die Petersilie waschen, kleinschneiden und die fertige Suppe damit bestreuen.

TOMATENSUPPE MIT KRABBENFLEISCH

500 g Tomaten, 1 Zwiebel, 1 Knoblauchzehe, 2 EL Butter, 400 ml Rinderfond, 250 g saure Sahne, 150 g Krabbenfleisch, 1 Bund Basilikum, 4 Eigelb, 2 EL Tomatenketchup, Salz, schwarzer Pfeffer

Die Tomaten kurz in kochendes Wasser tauchen, häuten, entkernen und in grobe Stücke teilen. Die Zwiebel und Knoblauchzehe schälen und fein würfeln. Die Butter in einem Topf erhitzen, die Zwiebel- und die Knoblauchwürfel darin andünsten, dann die Tomaten hinzugeben und umrühren. Mit dem Rinderfond aufgießen und 10 Minuten kochen lassen. Die saure Sahne einrühren. Das Krabbenfleisch hinzufügen. Das Basilikum waschen, fein hacken und zur Suppe geben. Die Eigelbe verquirlen und unter die nicht mehr kochende Suppe rühren. Mit Tomatenketchup, Salz und frisch gemahlenem Pfeffer abschmecken.

TOMATENCREMESUPPE

500 g Tomaten, 1 Zwiebel, 2 Knoblauchzehen, 2 EL Butter, 1/2 l Rinderfond, 250 g Crème fraîche, 1 Bund Petersilie, 4 Eigelb, 2 EL Tomatenketchup, 1 TL Zucker, Salz, schwarzer Pfeffer. Zum Garnieren: 4 EL Crème fraîche

Die Tomaten kurz in kochendes Wasser tauchen, häuten, entkernen und grob stückeln. Zwiebel und Knoblauchzehen schälen und fein würfeln. Butter im Topf erhitzen und die Zwiebel- und Knoblauchwürfel andünsten, die Tomaten hinzugeben und umrühren. Mit dem Rinderfond aufgießen und 10 Minuten kochen lassen. Crème fraîche einrühren. Petersilie waschen, fein hacken und zur Suppe geben. Eigelbe verquirlen und unter die nicht mehr kochende Suppe rühren. Mit Tomatenketchup, Zucker, Salz und frisch gemahlenem Pfeffer abschmecken. Die Suppe in eine Terrine füllen, die Crème fraîche daraufgeben und mit einem Löffel vorsichtig hübsche Kreise ziehen. *Abbildung rechts*

BIERSUPPE MIT GRIESSKLÖSSCHEN

1 l dunkles Bier, 80 g Zucker, 1 Stück Zimtstange, 1 Zitrone, Salz. Für die Klößchen: 30 g Butter, 1 Ei, Salz, 1 Prise Muskatnuß, 1 Päckchen Nockerlgrieß, 1/2 Bund Petersilie. Außerdem: 20 g Speisestärke, 2 Eigelb

Das Bier mit dem Zucker und der Zimtstange aufkochen. Die Zitrone auspressen, zur Suppe geben und mit Salz und Zitronensaft abschmecken. Einen großen Topf mit Wasser erhitzen. Für die Klößchen die Butter, das Ei, Salz und 1 Prise Muskatnuß schaumig rühren, langsam den Nockerlgrieß hinzugeben, die Masse sollte geschmeidig sein. Die Petersilie waschen und kleinhacken und zum Teig geben, nochmals durchkneten. Zugedeckt ca. 30 Minuten im Kühlschrank ruhen lassen. Aus der Masse kleine Klößchen mit einem Teelöffel abstechen, formen und in das kochende Wasser geben. Die Grießklößchen ca. 25 Minuten ziehen lassen. Die Speisestärke in etwas Wasser anrühren und die Biersuppe damit binden. Eigelbe verquirlen und unter die Suppe rühren, nicht mehr kochen lassen. Die Grießklößchen zufügen und die Suppe heiß servieren.

LAUCHCREMESUPPE MIT CRÈME FRAÎCHE

750 g Lauch, 3 Kartoffeln, 1 l Rindfleischbrühe, Salz, weißer Pfeffer, 1 Prise Zucker, 1 Prise geriebene Muskatnuß, 250 g Crème fraîche. Zum Garnieren: 2 Scheiben Toastbrot, 1 EL Butter

Den Lauch putzen, in Ringe schneiden und gründlich waschen. Die Kartoffeln schälen und in Würfel schneiden. Die Rindfleischbrühe in einen Topf geben, die Lauchringe und die Kartoffelwürfel dazugeben, dann 15 Minuten garen. Einige Lauchringe für die Garnierung der Suppe herausnehmen und beiseite stellen. Mit Salz, frisch gemahlenem Pfeffer, dem Zucker und der Muskatnuß abschmecken, dann die Suppe pürieren. Die Crème fraîche unter die Suppe rühren und nochmals erhitzen. Die Rinde vom Toastbrot abschneiden und das Brot würfeln. Die Butter in einer Pfanne erhitzen und die Brotwürfel darin goldgelb anrösten.
Die Suppe in Tassen aufteilen, mit den Brotwürfeln und den Lauchringen garniert heiß servieren.

ERBSENSUPPE MIT HUMMERKRABBEN

300 g tiefgekühlte Erbsen, 1/2 l Rindfleischbrühe, 10 g Butterschmalz, 10 g Mehl, Salz, weißer Pfeffer, 150 g Crème double, 4 küchenfertige Hummerkrabben (200 g), 2 EL Butter. Zum Garnieren: Kresseblättchen

Die Erbsen in der Rindfleischbrühe auftauen, aufkochen lassen. Durch ein Sieb gießen und abtropfen lassen. Die Hälfte der Erbsen und der Brühe mit einem Mixstab pürieren. Die andere Hälfte als Einlage beiseite stellen. Das Butterschmalz mit dem Mehl unter Rühren zu einer Mehlschwitze kochen, mit der Erbsenbrühe aufgießen und aufkochen lassen. Mit Salz und frisch gemahlenem Pfeffer abschmecken. Zum Schluß die ganzen Erbsen zugeben und die Suppe warm stellen. Die Suppe mit der Crème double abschmecken. Die Hummerkrabben unter fließendem kaltem Wasser abspülen und trockentupfen. Die Butter in einer Pfanne zerlasssen und die Krabben von jeder Seite ca. 3 Minuten braten. Die Kresseblättchen waschen und abtropfen lassen. Die Suppe in vier kleine Suppentassen füllen, die Hummerkrabben einlegen und mit den Kresseblättchen bestreuen. Die Suppe heiß mit französischem Weißbrot servieren.

KOHLRABISUPPE MIT KNOBLAUCH-CROÛTONS

1 kg Kohlrabi, 2 Knoblauchzehen, 1 l Rindfleischbrühe, 1 Prise gemahlene Muskatnuß, Salz, weißer Pfeffer, 1 EL Mehl, 100 g saure Sahne, 2 Eigelb. Außerdem: 1 Knoblauchzehe, 2 Scheiben Toastbrot, 1 EL Butter

Die Kohlrabi schälen und in Streifen schneiden. Knoblauchzehen schälen und durch die Presse drücken. Die Brühe erhitzen und die Kohlrabi darin 15 Minuten kochen. Danach mit Knoblauch, Muskatnuß, Salz und frisch gemahlenem Pfeffer abschmecken. Dann die Suppe pürieren. Mehl und saure Sahne verrühren und unter die Suppe rühren. Nochmals erhitzen. Die Eigelbe verquirlen und zum Schluß unter die Suppe geben, sie darf nun nicht mehr kochen. Die Knoblauchzehe schälen, halbieren und die Toastbrotscheiben damit einreiben. Das Brot in Würfel schneiden und in der zerlassenen Butter anrösten. Die Suppe mit den Brotwürfeln bestreut servieren.

GEMÜSESUPPE MIT "BISS"

250 g Tofu, Saft und 1 Stück Schale von 1 unbehandelten Zitrone, 1/8 l Sojasauce, 3/8 l Gemüsebrühe, 1 EL trockener Sherry, 400 g gemischte, geputzte, zerkleinerte Gemüse (z. B. Karotten, Kohlrabi, Lauch, Broccoli), 2 EL ÖL, 50 g Spinat. Zum Garnieren: 1 Bund Schnittlauch

Den Tofu würfeln und mit dem Zitronensaft, der feingehackten Zitronenschale und 3 Eßlöffeln von der Sojasauce mischen. Zugedeckt 2 Stunden marinieren. Die restliche Sojasauce mit der Gemüsebrühe und dem Sherry aufkochen. Das Gemüse dazugeben und bißfest garen. Das Öl in einer Pfanne erhitzen, den Tofu darin unter Wenden anbraten und auf Suppenteller verteilen. Den Bratenfond und den gewaschenen Spinat in die Suppe geben, dann in die Teller füllen. Den Schnittlauch waschen, fein schneiden und die Suppe damit bestreuen.

FEINE BROTSUPPE

1 l Rindfleischbrühe, Salz, schwarzer Pfeffer, 1 Prise gemahlener Kümmel, 1 große Zwiebel, 2 EL Butter, 200 g altbackenes Bauernbrot, 125 g Crème fraîche, 2 EL Mehl. Zum Garnieren: 50 g Kerbel, 1/2 Bund Schnittlauch

Die Rindfleischbrühe in einem Topf erhitzen, mit Salz, frisch gemahlenem Pfeffer und Kümmel abschmecken. Zwiebel schälen und fein würfeln. Butter in einer Pfanne erhitzen und Zwiebelwürfel darin anrösten. Das Bauernbrot in Scheiben schneiden und mit den Zwiebeln in die Rindfleischbrühe geben, 15 Minuten kochen lassen. Die Suppe in einem Mixer pürieren oder durch ein Sieb passieren. Crème fraîche mit Mehl verrühren und die Suppe damit binden. Kerbel und Schnittlauch waschen, kleinschneiden und auf die Suppe streuen.

Deftige Suppen

KÜRBIS-KARTOFFEL-SUPPE

500 g Kartoffeln, 500 g Kürbis, 125 g durchwachsener Speck, 2 Zwiebeln, 2 Stangen Lauch, 1/2 l Rinderfond, Salz, schwarzer Pfeffer, 1 EL Essig-Essenz 25%, 1 EL Crème fraîche, 1 TL Zucker, 4 Frankfurter Würstchen

Die Kartoffeln und den Kürbis schälen und beides in kleine Würfel schneiden. Den Speck würfeln, die Zwiebeln schälen und ebenfalls würfeln. Die Speck- und Zwiebelwürfel in einem Topf glasig dünsten. Den Lauch putzen, in Ringe schneiden, waschen und abtropfen lassen. Einige feine Ringe für die Dekoration beiseite stellen. Die Kartoffeln, den Kürbis und den Lauch zu den Zwiebeln geben, mitdünsten. Mit dem Rinderfond aufgießen und 25 Minuten garen lassen. Eine Schaumkelle voll Gemüse aus der Suppe nehmen und beiseite stellen. Die restliche Suppe pürieren oder durch ein Sieb streichen, dann mit Salz, frisch gemahlenem Pfeffer, der Essig-Essenz, der Crème fraîche und dem Zucker süßsauer abschmecken. Die Würstchen in Scheiben schneiden. Zum Schluß das zurückbehaltene Gemüse, die Lauchstreifen und die Wurstscheiben dazugeben, dann nochmals kurz erwärmen und heiß servieren.

KÄSESUPPE

60 g durchwachsener Speck, 2 Zwiebeln, 20 g Mehl, 1/2 l Milch, 1/2 l Rindfleischbrühe, schwarzer Pfeffer, geriebene Muskatnuß, 200 g Käse (z. B. Leerdamer). Zum Garnieren: 2 Scheiben Toastbrot, 1 EL Butter, 1/2 Bund Schnittlauch

Den Speck in kleine Würfel schneiden und in einem Topf ausbraten. Zwiebeln schälen, würfeln und im Speck glasig dünsten. Das Mehl einrühren, mit Milch und Rindfleischbrühe aufgießen und aufkochen lassen. Mit frisch gemahlenem Pfeffer und Muskatnuß abschmekken. Zum Schluß geriebenen Leerdamer unterrühren. Die Suppe nun nicht mehr kochen lassen. Die Toastbrotscheiben in Würfel schneiden. Die Butter in einer Pfanne erhitzen und die Brotwürfel darin anrösten. Den Schnittlauch waschen und in Röllchen schneiden. Die Suppe in 4 rustikale Suppenschüsselchen füllen, dann mit den Brotwürfeln und den Schnittlauchröllchen bestreut servieren. *Abbildung oben*

WEISSKOHLSUPPE

500 g Weißkohl, 1/2 l Rindfleischbrühe, 50 g Butter, 2 Zwiebeln, 1 Knoblauchzehe, 1/4 l Weißwein, 2 EL Essig-Essenz 25 %, Salz, schwarzer Pfeffer, 1 Msp. Muskatblüte, 1 Msp. gemahlene Nelke, 1 Msp. Zimt, 2 EL Zucker, 4 EL Crème fraîche

Weißkohl putzen, waschen, zerkleinern und im Mixer pürieren. Kohlpüree mit der Hälfte der Rindfleischbrühe und der Butter in einen Topf geben. Zwiebeln und Knoblauchzehe schälen, dann klein würfeln. Alles zum Püree geben, aufkochen und 20 Minuten garen lassen. Die restliche Rindfleischbrühe, Weißwein, Essig-Essenz, Salz, frisch gemahlenen Pfeffer, Gewürze und Zucker darunterrühren. Zugedeckt weitere 10 Minuten kochen lassen und abschmecken. In Suppentassen füllen und mit je einem Eßlöffel Crème fraîche servieren.

AUFGESCHMALZENE BROTSUPPE

1 l Rindfleischbrühe, Salz, schwarzer Pfeffer, etwas Majoran, gemahlenen Kümmel, 2 Zwiebeln, 2 EL Butter, 2 EL Schweineschmalz, 250 g altbackenes Bauernbrot, 1 Knoblauchzehe, 1 Bund Schnittlauch

Rindfleischbrühe in einem Topf erhitzen. Mit Salz, frisch gemahlenem Pfeffer, Majoran und etwas gemahlenen Kümmel abschmecken. Zwiebeln schälen und fein würfeln. Die Butter und das Schmalz in einer Pfanne erhitzen und die Zwiebelringe darin anrösten. Das Schwarzbrot in dünne Scheibchen schneiden. Die Knoblauchzehe schälen, halbieren und eine Suppenterrine damit ausreiben. Das Brot in die Terrine legen und die heiße Brühe darüber gießen, kurz ziehen lassen und zum Schluß die Zwiebelringe mit dem Fett darübergeben. Schnittlauch waschen, kleinschneiden und die Suppe damit bestreuen.

Kräutersuppen

PETERSILIENCREMESUPPE

1 Zwiebel, 1 Knoblauchzehe, 2 EL Butter, 1 l Rindfleischbrühe, 200 g saure Sahne, 2 Bund Petersilie, 1 EL Mehl, 2 EL Wasser, 2 Eigelb, Salz, weißer Pfeffer, 1 Prise Zucker, geriebene Muskatnuß, 1 Schuß Weißwein

Die Zwiebel und die Knoblauchzehe schälen und fein würfeln. Die Butter in einem Topf erhitzen, die Zwiebel- und Knoblauchwürfel darin andünsten. Mit der Brühe aufgießen und 10 Minuten leicht köcheln lassen, dann die saure Sahne einrühren. Die Petersilie waschen und fein hacken. Das Mehl mit dem Wasser anrühren und zur Suppe geben, nochmals aufkochen und die Petersilie dazugeben. Die Eigelbe verquirlen und unter die nicht mehr kochende Suppe rühren. Mit Salz, frisch gemahlenem Pfeffer, Zucker, 1 Prise geriebener Muskatnuß und Weißwein abschmecken und heiß servieren.

FRÜHLINGSSUPPE

1 Zwiebel, 1 Knoblauchzehe, 2 EL Butter, 1 l Rindfleischbrühe, 200 g saure Sahne, 2 Bund gemischte Kräuter (z. B. Petersilie, Estragon, Dill, Kerbel, Kresse, Schnittlauch), 1 EL Mehl, 2 EL Wasser, 2 Eigelb, Salz, weißer Pfeffer, 1 Prise Zucker, geriebene Muskatnuß, 1 Schuß Weißwein

Die Zwiebel und Knoblauchzehe schälen und fein würfeln. Die Butter in einem Topf erhitzen und die Zwiebel- und Knoblauchwürfel darin andünsten. Mit der Rindfleischbrühe aufgießen und 10 Minuten leicht köcheln lassen, dann die saure Sahne einrühren. Die Kräuter waschen und fein hacken. Das Mehl mit dem Wasser anrühren und zur Suppe geben, nochmals aufkochen und die Kräuter dazugeben. Die Eigelbe verquirlen und unter die nicht mehr kochende Suppe rühren. Mit Salz, frisch gemahlenem Pfeffer, dem Zucker, der geriebenen Muskatnuß und dem Weißwein abschmecken.

WILDE KNOBLAUCHSUPPE

1 l Rindfleischbrühe, 1 Zwiebel, 2 EL Butter, 100 g wilder Knoblauch (sind Bärlauchblätter, die im Mai in Auwäldern wachsen; verwendet werden die jungen Blätter vor der Blüte), 250 g Crème fraîche, 1 EL Mehl, 2 EL Wasser, 2 Eigelb, Salz, weißer Pfeffer, 1 Prise Zucker

Die Brühe in einen Topf geben. Die Zwiebel schälen und fein würfeln. Die Butter in einem Topf erhitzen, die Zwiebelwürfel darin andünsten. Die Bärlauchblätter waschen, fein hacken und mit der Zwiebel zur Brühe geben. Mit einem Mixstab pürieren oder durch ein Sieb streichen, dann die Crème fraîche zur Suppe rühren. Die Suppe nochmals erhitzen. Das Mehl mit dem Wasser anrühren und zur Suppe geben. Die Eigelbe verquirlen und unter die nicht mehr kochende Suppe rühren. Mit Salz, frisch gemahlenem Pfeffer und etwas Zucker abschmecken.

Mit Stangenweißbrot servieren.

KERBELSAHNESUPPE MIT CROÛTONS

250 g Lauch, 250 g Kartoffeln, 2 EL Butterschmalz, 800 ml Rinderfond, 250 g süße Sahne, 150 g Kerbel, Salz, weißer Pfeffer. Außerdem: 1 Knoblauchzehe, 2 Scheiben Toastbrot, 1 EL Butterschmalz

Den Lauch putzen, waschen und in Ringe schneiden. Die Kartoffeln schälen und würfeln. Butterschmalz in einem Topf erhitzen, die Lauchringe und die Kartoffelwürfel darin andünsten. Mit Rinderfond aufgießen und 30 Minuten zugedeckt kochen lassen. Mit einem Mixstab pürieren oder durch ein Sieb streichen, dann die Sahne zur Suppe rühren. Den Kerbel waschen und fein hacken. Die Suppe erhitzen und den Kerbel zugeben und mit Salz und frisch gemahlenem Pfeffer abschmecken, nicht mehr kochen lassen. Die Knoblauchzehe schälen, halbieren und die Toastbrotscheiben damit einreiben. Das Brot in Würfel schneiden und in dem zerlassenen Butterschmalz anrösten. Die Suppe mit den Brotwürfeln servieren.

Abbildung oben

BRUNNENKRESSESUPPE

250 g Lauch, 250 g Kartoffeln, 2 EL Butter, 800 ml Rinderfond, 250 g süße Sahne, 50 g Brunnenkresse, Salz, weißer Pfeffer

Den Lauch putzen, waschen und in feine Ringe schneiden. Die Kartoffeln schälen und in Würfel schneiden. Die Butter in einem Topf erhitzen, die Lauchringe und die Kartoffelwürfel darin andünsten. Mit dem Rinderfond aufgießen und 30 Minuten zugedeckt kochen lassen. Mit einem Mixstab pürieren oder durch ein Sieb streichen, dann die Sahne zur Suppe rühren. Die Brunnenkresse waschen und fein hacken, einige Blättchen zum Garnieren beiseite stellen. Die Suppe nochmals erhitzen und die Brunnenkresse zugeben. Mit Salz und frisch gemahlenem Pfeffer abschmecken, nicht mehr kochen lassen. Die heiße Suppe mit den Kresseblättchen bestreut servieren.

SAUERAMPFERSUPPE

1 l Rindfleischbrühe, 1 Zwiebel, 1 Knoblauchzehe, 2 EL Butter, 100 g Sauerampfer, 250 g süße Sahne, 1 EL Mehl, 2 EL Wasser, 2 Eigelb, Salz, weißer Pfeffer, 1 Prise Zucker

Die Brühe in einen Topf geben. Zwiebel und Knoblauchzehe schälen, dann fein würfeln. Die Butter in einem Topf erhitzen, die Zwiebel- und Knoblauchwürfel darin andünsten. Den Sauerampfer waschen, fein hacken, mit der Zwiebel und Knoblauchzehe zur Brühe geben. Mit einem Mixstab pürieren oder durch ein Sieb streichen. Dann die Sahne zur Suppe rühren und nochmals erhitzen. Das Mehl mit dem Wasser anrühren und dazugeben. Die Eigelbe verquirlen und unter die nicht mehr kochende Suppe rühren. Mit Salz, frisch gemahlenem Pfeffer und etwas Zucker abschmecken. Mit Stangenweißbrot servieren.

Suppen als Hauptgericht

GÄRTNERS SUPPENTOPF

(für 6 - 8 Personen)

Je 200 g Rind-, Schweine-, Lamm- und Kalbfleisch aus der Schulter, je 200 g Zwiebeln, Karotten, Sellerieknolle, Kartoffeln, Lauch und Wirsing, 1 Zweig Liebstöckel, 3 EL Pflanzenöl oder Butter, Salz, schwarzer Pfeffer, 1 Prise Muskatnuß, 1/2 TL Kümmel, 1/2 TL gerebelter Majoran, 1 1/2 l Rindfleischbrühe. Zum Garnieren: 1 Bund Petersilie

Das Fleisch waschen, trockentupfen und würfeln. Zwiebeln schälen und klein würfeln. Karotten, Sellerie und Kartoffeln schälen und in Würfel bzw. in Scheiben schneiden. Den Lauch putzen, waschen und in Ringe schneiden. Den Wirsing putzen, waschen, den Strunk entfernen und in Streifen schneiden. Liebstöckel waschen und kleinhacken. Öl in einem Topf erhitzen, das Fleisch und die Zwiebelwürfel darin anbraten. Herausnehmen und mit dem Gemüse lagenweise wieder einschichten, dazwischen immer wieder mit Salz, frisch gemahlenem Pfeffer, der Muskatnuß, dem Kümmel, dem Majoran und dem Liebstöckel würzen. Zum Schluß mit der Rindfleischbrühe aufgießen. Im geschlossenen Topf bei schwacher Hitze 90 Minuten kochen lassen. Die Petersilie waschen, kleinhacken und über den Suppentopf streuen.

BUNTE NUDELSUPPE

125 g bunte Paradies-Nudeln, 2 l Wasser, 1 TL Salz, 50 g grüne Bohnen, 1 Karotte, 1 l Rindfleischbrühe

Die Nudeln in Salzwasser 7 - 9 Minuten bißfest garen und abtropfen lassen. Die Bohnen putzen, waschen und je nach Größe in Stücke schneiden. Die Karotte schälen und in Scheiben schneiden. Die Rindfleischbrühe erhitzen, das Gemüse dazugeben und 10 Minuten garen. Zum Schluß die Nudeln zugeben und die Suppe nochmals erhitzen.

Die Suppe kann mit Kalbsbrätklößchen (Rezept s. Seite 15) serviert werden.

Abbildung unten

LAUCHSUPPE MIT PFEFFERMINZE

1 kleine Stange Lauch, 2 EL Öl, 3/4 l Wasser, 1 Suppenwürfel mit Suppengrün, 75 g dünne Fadennudeln, 1 Becher Vollmilch-Joghurt (3,5%), 1 Stengel Pfefferminze

Den Lauch waschen, putzen und in feine Ringe schneiden. Öl in einem Topf erhitzen und den Lauch darin kurz andünsten. Wasser dazugießen und zum Kochen bringen. Den Suppenwürfel darin auflösen. Die Fadennudeln dazugeben und 5 Minuten bei geringer Hitze kochen. Den Joghurt mit etwas von der Brühe glattrühren und in die Suppe geben. Die Pfefferminze waschen, fein hacken und vor dem Servieren in die Suppe rühren. *Abbildung oben*

GEMÜSESUPPE "GÄRTNERIN"

2 Zwiebeln, 3 Knoblauchzehen, 2 Kohlrabi, 3 Karotten, 2 Stangen Lauch, 200 g durchwachsener Speck, 3 EL Butter, 1 l Rindfleischbrühe, Salz, schwarzer Pfeffer, 1 Bund Majoran. Zum Garnieren: 1 Bund Petersilie

Die Zwiebeln und die Knoblauchzehen schälen, klein würfeln. Die Kohlrabi und Karotten schälen, dann in Scheiben schneiden. Den Lauch putzen, in Ringe schneiden, waschen und abtropfen lassen. Den Speck in Würfel schneiden. Die Butter in einem Topf erhitzen, das Gemüse und die Speckwürfel darin andünsten, dann mit der Brühe aufgießen. Den Majoran waschen und kleinschneiden. Mit Salz, frisch gemahlenem Pfeffer und dem Majoran abschmecken. Die Suppe 20 Minuten kochen. Die Petersilie waschen, kleinschneiden und die fertige Suppe damit bestreuen.
Mit Knoblauchbrot servieren.

GEMÜSESUPPE MIT KRÄUTER-KNOBLAUCH-SAUCE

(für 8 Personen)

2 Zwiebeln, 2 Knoblauchzehen, 2 Kohlrabi, 4 Karotten, 4 große Kartoffeln, 2 Stangen Lauch, 2 EL Butter, Salz, schwarzer Pfeffer. Außerdem: 2 l Rindfleischbrühe

Zwiebeln und Knoblauchzehen schälen, dann in kleine Würfel schneiden. Kohlrabi, Karotten und Kartoffeln schälen und in Stifte scheiden. Lauch putzen, waschen und in Ringe schneiden. Zwiebeln und Knoblauchzehen in der Butter andünsten. Die Brühe zum Kochen bringen, die Zwiebel und Knoblauchwürfel dazugeben, ebenso das Gemüse und 20 Minuten kochen lassen. Die Suppe heiß mit der Kräuter-Knoblauch-Sauce (Rezept s. Seite 75) servieren.

GEMÜSE-KARTOFFEL-TOPF

750 g Kartoffeln, 2 Zwiebeln, 2 Knoblauchzehen, 3 Karotten, 2 Stangen Lauch, 3 EL Butter, 200 g durchwachsener Speck, 1 l Rindfleischbrühe, Salz, schwarzer Pfeffer, 1 TL Paprika edelsüß, 1 Bund Majoran, 4 Mettwürste. Zum Garnieren: 1 Bund Petersilie

Kartoffeln schälen und würfeln. Die Zwiebeln und die Knoblauchzehen schälen und klein würfeln. Die Karotten schälen und in Scheiben schneiden. Den Lauch putzen, in Ringe schneiden, waschen und abtropfen lassen. Den Speck in Würfel schneiden. Die Butter in einem Topf erhitzen, das Gemüse und die Speckwürfel darin andünsten, mit der Rindfleischbrühe aufgießen. Den Majoran waschen und kleinschneiden. Mit Salz, frisch gemahlenem Pfeffer, dem Paprika und dem Majoran abschmekken. Die Mettwürste zugeben, und die Suppe 20 Minuten gar kochen. Die Petersilie waschen, kleinschneiden und die fertige Suppe damit servieren.
Dazu schmeckt kerniges Bauernbrot.

DICKE BOHNEN

(für 6 Personen)

250 g weiße, dicke Bohnen, 2 l Wasser, 1 Zwiebel, 2 Zwiebeln, 1 Knoblauchzehe, 500 g Karotten, 500 g Kartoffeln, 500 g Äpfel, 2 EL Schmalz, 600 g mild geräucherter durchwachsener Speck, 1/2 l Rindfleischbrühe, 1/2 l Weißwein, schwarzer Pfeffer, Zucker, 2 EL Kräuteressig. Zum Garnieren: 1 Bund Petersilie

Die Bohnen waschen, mit der geschälten und geviertelten Zwiebel in dem Wasser ca. 60 Minuten kochen, dann abgießen und beiseite stellen. Die Zwiebeln und den Knoblauch schälen und würfeln. Die Karotten und die Kartoffeln schälen und würfeln. Die Äpfel schälen und in Stücke schneiden. Das Schmalz in einem Topf zerlassen, die Zwiebeln und den Knoblauch dazugeben, andünsten, den Speck hinzufügen und zugedeckt im eigenen Saft 10 Minuten kochen lassen. Das Gemüse zu den Bohnen geben, ebenso die gedünsteten Zwiebeln und den Knoblauch. Dann mit der Rindfleischbrühe und dem Wein aufgießen. Den Speck obenauf legen, die Äpfel zufügen und nochmals 15 Minuten garen. Den Speck in Scheiben schneiden, das Gemüse mit frisch gemahlenem Pfeffer, Zucker und Essig abschmecken. Die Petersilie waschen und kleinhacken. Das Gemüse in eine Schüssel geben, die Speckscheiben obenauf legen und mit der Petersilie bestreut servieren.

KARTOFFEL-LAUCH-SUPPE

500 g Kartoffeln, 250 g Lauch, 1 EL Margarine, 1/2 TL Currypulver, 400 ml Hühnerbrühe (Instant), Salz, schwarzer Pfeffer, 1 Prise Muskatnuß, 400 g Frischkäse, 2 Bund glatte Petersilie, 4 Scheiben Toastbrot, 150 g Kräuter-Frischkäse

Die Kartoffel schälen, waschen und grob würfeln. In Salzwasser garen, die Hälfte davon pürieren. Inzwischen den Lauch putzen, waschen und in Ringe schneiden. Die Margarine in einem Topf erhitzen, den Lauch darin andünsten, den Curry hinzufügen und wenige Minuten mitdünsten. Mit der Brühe auffüllen, aufkochen lassen und 20 Minuten bei schwacher Hitze garen. Die Kartoffeln hinzufügen, mit den Gewürzen herzhaft abschmecken. Den Frischkäse und die gewaschene und feingehackte Petersilie dazugeben. Den Frischkäse unter Rühren in der heißen Suppe auflösen. Nicht mehr kochen lassen.

Die Toastbrotscheiben eventuell rund ausstechen, dick mit dem Kräuter-Frischkäse bestreichen, unter dem Grill einige Minuten backen und zur Suppe servieren.

Abbildung rechts

Kalte Suppen

TARATOR MIT PAPRIKA

1 große Salatgurke (ca. 700 g), je 1 rote und grüne Paprikaschote (insgesamt 300 g), 2 Zwiebeln, Salz, Curry, Paprika, 2 Becher Sahne-Dickmilch (je 175 g), 1 Becher reine Buttermilch (1/2 l), 1/2 l klare Rindfleischbrühe, 1 Knoblauchzehe, 3 EL gemischte Kräuter

Die Salatgurke und die Paprikaschoten waschen, die Paprikaschoten putzen, vom Kerngehäuse befreien und ganz fein würfeln. Die Salatgurke ungeschält in dünne Scheiben schneiden. Die Zwiebeln schälen und fein zerreiben. Das Gemüse mit Salz, dem Curry und dem Paprika würzen und einige Minuten ziehen lassen. Die Dickmilch mit der Buttermilch verrühren und unter das Gemüse heben. Mit der kalten Rindfleischbrühe auffüllen und die ausgepreßte Knoblauchzehe dazugeben. Gut durchrühren und nochmals abschmekken. Die Suppe kalt, mit den frischen Kräutern bestreut, servieren.

KALTE GEMÜSESUPPE

300 g Zucchini, 750 g gelbe und rote Paprikaschoten, 1 l entfettete Rinder- oder Hühnerbrühe, 2 Knoblauchzehen, 1 Msp. Cayennepfeffer, 2 Zweige Thymian, 2 Zweige Oregano, 2 EL trockener Sherry

Die Zucchini und die Paprikaschoten putzen, waschen und würfeln. Die Brühe erhitzen. In der Zwischenzeit die Knoblauchzehen schälen und durch die Presse drücken. Die Gemüsewürfel und das Knoblauchpüree zur Brühe geben und 10 Minuten kochen lassen. Mit dem Cayennepfeffer abschmecken. Die Kräuter waschen, von den Zweigen pflücken und die Hälfte in den letzten Minuten zum Gemüse geben. Die Suppe abkühlen lassen und mit dem Sherry abschmecken. Die Suppe zugedeckt kalt stellen.
Vor dem Servieren die kalte Suppe mit den restlichen Kräutern bestreuen.

SOMMERLICHE REIS-SUPPE

1 Kochbeutel Langkorn-Reis (125 g), 2 Knoblauchzehen, 1 TL Salz, 1 Salatgurke, 500 g Vollmilchjoghurt, 1/8 l Milch, 4 EL Olivenöl, 2 EL Zitronensaft, 1/2 Bund Pfefferminze, weißer Pfeffer

Den Reis im Kochbeutel nach Packungsanleitung kochen und abtropfen lassen. Die Knoblauchzehen schälen, durch die Presse drücken und mit dem Salz vermischen. Die Gurke schälen, grob raspeln und hinzufügen. Den Joghurt, die Milch, das Öl und den Zitronensaft dazugeben und gut vermischen. Den Reis hinzufügen. Die Minze waschen, kleinhacken, und je nach Geschmack, mehr oder weniger zur Suppe geben. Die Suppe mit Salz und frisch gemahlenem Pfeffer abschmecken.
Die Reis-Joghurt-Suppe 1 Stunde kühl stellen und durchziehen lassen, eventuell nochmals nachwürzen.

BULGARISCHE SOMMERSUPPE

4 Becher Joghurt (3,5 %) (Reformhaus), eventuell 1 Schuß Milch, 3 Walnüsse, 1 Knoblauchzehe, Meersalz, schwarzer Pfeffer, 1 Bund Dill, 1/2 Salatgurke, Saft von 1 Zitrone

Den Joghurt mit der Milch glattrühren. Die Walnüsse hacken, die Knoblauchzehe schälen und durch die Presse drücken. Beides zum Joghurt geben und durchmischen. Mit Salz und frisch gemahlenem Pfeffer abschmecken. Den Dill waschen und fein schneiden. Die Salatgurke waschen und würfeln. Den Dill und die Gurkenwürfel mit dem Zitronensaft dazugeben und durchmischen. Die Suppe kalt stellen und mit getoastetem Grahambrot servieren. *Abbildung rechts*

KALTE KARTOFFELSUPPE

500 g Kartoffeln, 2 mittelgroße Zwiebeln, 1 Stengel Liebstöckel, 1 TL gekörnte Brühe (Reformhaus), weißer Pfeffer, Meersalz, 1/2 l Wasser, 50 g süße Sahne, 1 Bund Schnittlauch

Die Kartoffeln und die Zwiebeln schälen, vierteln und mit dem Liebstöckel, der gekörnten Brühe, dem Salz und dem frisch gemahlenen Pfeffer in dem Wasser 20 Minuten kochen. Die Masse im Mixer pürieren und kühl stellen. Die Suppe mit der Sahne verfeinern und mit dem gewaschenen und in feine Röllchen geschnittenen Schnittlauch bestreuen. *Abbildung rechts*

SPINATSUPPE

600 g frischer Blattspinat, 2 Knoblauchzehen, 1 Bund Kerbel, 100 g Crème fraîche, 1 Tasse Gemüsebrühe aus Hefeextrakt (Reformhaus), Saft von 1 Zitrone, weißer Pfeffer, etwas Meersalz

Spinat waschen, verlesen und kurz blanchieren. Knoblauch schälen, Kerbel waschen und beides mit Crème fraîche, Gemüsebrühe, Zitronensaft und Gewürzen im Mixer pürieren. Die Suppe kühl servieren. *Abbildung oben rechts*

EISGEKÜHLTE TOMATENSUPPE

1 mittelgroße Zwiebel, 20 g ungehärtete Reformhaus-Pflanzenmargarine oder Butter, 8 Tomaten, 1 EL Gemüsebrühe-Hefeextrakt (Reformhaus), 1 Tasse Flüssigkeit (eventuell 1 Schuß Rotwein), 1 TL Kräuter der Provence, Meersalz. Zum Garnieren: 1 mittelgroße Zucchini, Basilikumblätter

Die Zwiebel schälen und würfeln. Das Fett in einem Topf erhitzen und die Zwiebelwürfel darin glasig andünsten. Die Tomaten kurz in kochendes Wasser tauchen, häuten, vierteln und zu den Zwiebeln geben. Die Gemüsebrühe, die Flüssigkeit, die Gewürze, das Meersalz und eventuell den Wein hinzufügen. Die Suppe abkühlen lassen und in den Kühlschrank stellen. Die Zucchini waschen und in sehr dünne Scheiben schneiden.

Die Suppe vor dem Servieren mit den Zucchinischeiben und den gewaschenen Basilikumblättern garnieren.

Abbildung oben

KALTE GURKENSUPPE

2 Salatgurken, 200 g süße Sahne, 1 Becher Joghurt (150 g), 2 EL Essig, 2 EL Whiskey, 2 Knoblauchzehen, 1 Bund Pfefferminze, 1 Bund Petersilie, Salz, weißer Pfeffer

Die Gurken schälen, in Stücke schneiden und mit dem Schneidestab oder im Mixer pürieren. Die Sahne, den Joghurt, den Essig und den Whiskey unterrühren. Die Knoblauchzehen schälen, durch die Presse drücken und hinzufügen. Die Pfefferminze und die Petersilie waschen, trockentupfen, fein hacken, dann unter die Suppe rühren. Mit Salz und frisch gemahlenem Pfeffer abschmecken. Die Suppe gut gekühlt servieren.

Abbildung Seite 85

SELLERIESUPPE – KALT

1/2 Glas Sellerie (275 g), 4 EL Zitronensaft, 200 ml Weißwein, 4 EL Öl, 40 g gehackte Mandeln, 1 Knoblauchzehe, Salz, weißer Pfeffer, 1 Prise Muskatnuß, 20 g Zucker, 2 EL gehackte Petersilie

Den Sellerie abgießen, Selleriewasser auf 1/4 Liter mit Wasser auffüllen und zusammen mit Zitronensaft, Wein, Öl, Mandeln und der geschälten Knoblauchzehe im Mixer pürieren. Den Sellerie grob zerkleinern und dazugeben. Das Ganze 5 Minuten pürieren und mit Salz und frisch gemahlenem Pfeffer, Muskatnuß und Zucker abschmecken. Die Suppe mehrere Stunden kalt stellen, in gekühlten Suppentassen und mit Petersilie bestreut anrichten.

Internationale Suppen

CHINESISCHE SUPPE, SAUERSCHARF

6 getrocknete, chinesische Champignons (Tongu-Pilze), 150 g mageres Schweinefleisch, 100 g Bambussprossen aus der Dose, 125 g Tofu, 1 l Hühnerbrühe, 1 EL Sojasauce, 2 EL Essig, 1 EL Speisestärke, 3 EL kalte Brühe, 1 TL Chiliöl oder Cayennepfeffer, 2 Eier, 1 EL Öl, 2 Frühlingszwiebeln, Salz, weißer Pfeffer

Pilze ca. 30 Minuten in kaltem Wasser einweichen. Schweinefleisch in dünne Streifen schneiden, ebenso die abgetropften Bambussprossen. Tofu würfeln und die ausgedrückten Pilze in feine Streifen schneiden. Hühnerbrühe in einem Topf zum Kochen bringen, das Fleisch mit den Bambussprossen hineingeben und 5 Minuten ziehen lassen. Sojasauce mit Essig, Speisestärke, der kalten Brühe und Chiliöl oder dem Cayennepfeffer verrühren und in die heiße Brühe gießen. Nochmals aufkochen lassen. Eier verquirlen und unter Rühren dazugießen. Die Suppe vom Herd nehmen, Öl, die gewaschenen in Ringe geschnittenen Frühlingszwiebeln und Tofuwürfel hinzufügen. Mit Salz und frisch gemahlenem Pfeffer würzig abschmecken und heiß servieren.

GEMÜSESUPPE MIT PESTO

(für 4 - 6 Personen)

1 Kochbeutel Spitzen-Langkorn-Reis, 2 Fleischtomaten, 3 kleine Zucchini, 1/2 Staudensellerie, 250 g grüne Bohnen, 3 Zwiebeln, 250 g frische weiße Bohnen oder aus der Dose, 1 1/2 l Gemüsebrühe (Reformhaus). Für das Pesto: 2 Bund Basilikum, 4 große Knoblauchzehen, Salz, weißer Pfeffer, 4 EL frisch geriebener Parmesan, 1/8 l Olivenöl

Den Kochbeutel nach Packungsanleitung zubereiten. Die Tomaten überbrühen und häuten. Die Zucchini und den Staudensellerie putzen und in Scheiben schneiden. Die Bohnen putzen und brechen. Die Zwiebeln schälen und vierteln. Die Brühe zum Kochen bringen und das Gemüse, bis auf die Tomaten, hineingeben. Zugedeckt 30 Minuten leicht kochen lassen. Prüfen, ob die weißen Bohnen gar sind und eventuell noch etwas nachgaren. Die Tomaten vierteln und 5 Minuten vor Garende zugeben.

Für das Pesto Basilikum waschen, abtropfen lassen und die Blätter von den Stengeln zupfen. Die Knoblauchzehen schälen und mit den Basilikumblättern, Salz und frisch gemahlenem Pfeffer in einem Mörser zu einer Paste zerreiben. Nach und nach den Parmesan und das Öl dazugeben, bis eine dicke Paste entsteht. Kurz vor dem Servieren Reis in die Suppe geben. Zum Essen kann jeder nach Geschmack 1 oder 2 Teelöffel von dem Pesto in die Suppe rühren.

Abbildung unten

HÄHNCHENSUPPE "SAPPORO"

(für 6 Personen)

400 g gegartes Hähnchenfleisch, 200 g Rettich, 60 g Karotten, 200 g Kartoffeln, 60 g Lauch, 400 g Okraschoten oder grüne Bohnen. Zum Braten: 3 EL Pflanzenöl. Außerdem: 1 1/2 l Hühnerbrühe, 10 EL Sojasauce, 1 TL Honig. Zum Garnieren: 160 g Krabben oder 8 große Shrimps, grüner Pfeffer

Das Hähnchenfleisch in mundgerechte Stücke schneiden. Das Gemüse waschen, den Rettich, die Karotten und die Kartoffeln schälen, jeweils der Länge nach halbieren, dann in feine Streifen schneiden. Vom Lauch nur die weißen und hellgrünen Teile verwenden, diese in Streifen scheiden. Die Okraschoten putzen und waschen. Das Öl in einem Topf erhitzen und das Hähnchenfleisch darin anbraten. Das Gemüse ohne Lauch zugeben und mit der Brühe auffüllen. Mit der Sojasauce und dem Honig abschmecken. 15 Minuten kochen lassen, zwischendurch abschäumen.
5 Minuten vor Ende der Garzeit den Lauch hinzufügen. Die Suppe mit den Krabben oder Shrimps und etwas grünem Pfeffer in Suppentassen servieren.

Abbildung oben

MEXIKANISCHE PFEFFERSUPPE

350 g rote Kidney-Bohnen, 1 Zwiebel, 1 l Wasser, 600 g Rindfleisch, 2 Zwiebeln, 4 Knoblauchzehen, 2 grüne Paprikaschoten, 2 EL Olivenöl, 1 rote Chilischote, 500 g Fleischtomaten, 1 EL Rindfleisch-Basis oder gekörnte Brühe, 1/2 TL Thymian, 1 EL Paprika edelsüß, Salz

Bohnen über Nacht in Wasser einweichen, dann das Wasser abgießen. Die Bohnen mit der geschälten, geviertelten Zwiebel in dem Wasser ca. 20 Minuten kochen, dann abgießen, dabei das Kochwasser auffangen und beiseite stellen. Fleisch waschen und in feine Streifen schneiden. Zwiebeln und Knoblauchzehen schälen und in Würfel schneiden. Paprikaschoten waschen, entkernen und in Streifen schneiden. Öl in einem Topf erhitzen, das Fleisch, die Zwiebeln, die Knoblauchzehen und die Paprikastreifen dazugeben und 10 Minuten dünsten. Die Chilischote waschen, entkernen und fein hacken. Die Tomaten kurz in kochendes Wasser tauchen, häuten, vierteln, entkernen und in grobe Stücke teilen. Die Tomaten und die Chilischote dazugeben, ebenso die Bohnen mit dem Kochwasser. Mit Rindfleisch-Basis oder gekörnter Brühe, dem Thymian, dem Paprika und Salz würzen, dann zugedeckt 30 Minuten köcheln lassen.

CHRYSANTHEMENSUPPE

1 l Hühnerbrühe, 2 EL trockener Sherry, 1 TL Öl, 2 Eier, 1/2 TL Salz, 1 Frühlingszwiebel

Die Hühnerbrühe zum Kochen bringen, den Sherry und das Öl hinzufügen. Die Eier mit dem Salz verquirlen und vorsichtig in die kochende Brühe einlaufen lassen. Nur kurz umrühren. Die Frühlingszwiebel waschen, in feine Ringe schneiden und die Suppe damit garnieren. Sofort heiß servieren.

WON-TON-SUPPE

(für 12 Personen)

Für den Nudelteig: 250 g Mehl, 3 Eier, Salz, Mehl zum Ausrollen. Für die Füllung: 8 getrocknete, chinesische Champignons (Tongu-Pilze), 3 EL Sesamöl, 500 g Schweinehackfleisch, 50 g Bambussprossen aus der Dose, 1 TL eingelegter Ingwer, 2 EL Sojasauce, 1 TL Salz, 1 TL Speisestärke. Außerdem: 2,5 l Hühnerbrühe, 125 g Spinat, 125 g Chinakohl, 50 g Kresse, 1 Bund Frühlingszwiebeln

Mehl sieben, mit Eiern und Salz zu einem festen Nudelteig verarbeiten. 1 Stunde kalt stellen. Chinesische Pilze ca. 30 Minuten in Wasser einweichen, dann ausdrücken, die Stiele entfernen und die Hüte vierteln. In der Zwischenzeit die Füllung zubereiten. Öl in einer Pfanne oder im Wok erhitzen, Hackfleisch kurz anbraten und stückeln. Pilze, die abgetropften, kleingeschnittenen Bambussprossen, Ingwer, Sojasauce, Salz und die mit etwas Pilzwasser angerührte Speisestärke dazugeben, kurz aufkochen und beiseite stellen, auskühlen lassen. Den Nudelteig hauchdünn ausrollen, in ca. 6 x 6 cm Quadrate schneiden und auf jedes Teigstück 1 gehäuften Teelöffel von der Füllung geben. Die Quadrate diagonal zu Dreiecken zusammenlegen, die beiden seitlichen Ecken übereinanderfalten und fest zusammendrücken. Die Brühe zum Kochen bringen und den geputzten, von groben Stielen befreiten, gewaschenen Spinat, den gewaschenen und in kleine Stücke geschnittenen Chinakohl, die gewaschenen Kresseblättchen, die in Ringe geschnittenen Frühlingszwiebeln und die Teigtaschen zur Brühe geben.
Die Suppe aufkochen und 5 Minuten ziehen lassen. Danach sofort heiß in einer Terrine servieren.

Süße Suppen

SAHNIGE APRIKOSEN-KIWI-SUPPE

1 Becher fettarmer Kefir (500 g), 1 Becher Sahne-Dickmilch (175 g), 60 g Zucker, 1 große Dose Aprikosen (850 ml) oder 500 g frische Aprikosen, 2 EL Zitronensaft, 1 schöne Kiwi (70 g), 3 EL zarte Haferflocken

Den Kefir mit Dickmilch glattrühren, etwa die Hälfte des Zuckers unterrühren. Die Aprikosen gut abtropfen lassen, dann pürieren. Frische Früchte entsteinen und gut pürieren. Den Zitronensaft und den restlichen Zucker zum Aprikosenpüree geben und den Kefir gleichmäßig untermischen. Die Kiwi schälen und in Scheiben schneiden. Die Haferflocken in einer beschichteten Pfanne leicht anrösten. Die kalte Suppe auf 4 Suppenteller oder -tassen verteilen, mit den Kiwischeiben garnieren und mit den Haferflocken bestreuen.

ORANGEN-KALTSCHALE

*1/2 l Orangensaft, Saft von 1 Zitrone, 180 g Zucker,
1 EL Speisestärke, 1/4 l Weißwein, 2 Orangen, 4 cl Orangenlikör,
1 Stück Wassermelone, 1 Eiweiß, 50 g Zucker, 1/4 l Milch.
Zum Garnieren: einige Zitronenmelisseblättchen,
blanchierte Orangenschalenstreifen*

Orangen- und Zitronensaft mit Zucker aufkochen. Speisestärke mit etwas Weißwein anrühren. Zum Saft geben und aufkochen lassen. Die Kaltschale abkühlen und dann mit dem Weißwein mischen. Inzwischen die Orangen schälen, in Scheiben schneiden und mit dem Likör beträufeln. Das Fruchtfleisch der Melone mit einem Ausstecher zu Kugeln ausstechen. Das Eiweiß sehr steif schlagen, den Zucker nach und nach einrieseln lassen. Die Milch in einem Topf erhitzen und mit Teelöffeln, die vorher in kaltes Wasser getaucht wurden, kleine Nocken aus der Eiweißmasse ausstechen und in der Milch gar ziehen lassen. Die Kaltschale in Teller füllen. Die Orangenscheiben und die Melonenkugeln dazugeben. Zum Schluß die Schneeier darauf setzen. Mit einigen Melisseblättchen und Orangenschalenstreifen garnieren. *Abbildung oben*

PFIRSICHSUPPE

500 g kleine Pfirsiche, 1 l Wasser, 1 Stück unbehandelte Zitronenschale, 1 Zimtstange, 1 EL Speisestärke, 2 EL Wasser, 4 EL Zucker, 2 Päckchen Vanillinzucker, 1 EL Zitronensaft

Die Pfirsiche kurz in kochendes Wasser tauchen, häuten, halbieren und den Kern entfernen. Das Wasser mit der Zitronenschale und der Zimtstange zum Kochen bringen und die Pfirsichhälften 10 Minuten garen. Einige Pfirsichstücke zum Garnieren beiseite legen. Die restlichen gedünsteten Pfirsiche pürieren. Die Speisestärke im Wasser anrühren und das Pfirsichpüree damit binden. Die Suppe mit dem Zucker, dem Vanillinzucker und dem Zitronensaft abschmekken. Zugedeckt in den Kühlschrank stellen und kalt servieren.

HOLUNDERSUPPE MIT SÜSSEN SCHNEEHÄUBCHEN

4 Äpfel, 375 ml Wasser, 100 g Zucker, 1/2 Stange Zimt, 2 Nelken, 3/4 l Holunderbeerensaft, 1 EL Speisestärke, 2 EL Wasser. Für die Häubchen: 2 Eiweiß, 1 Prise Zucker

Die Äpfel schälen, das Kerngehäuse entfernen, vierteln und in Stücke schneiden. Das Wasser mit dem Zucker, dem Zimt und den Nelken aufkochen, die Apfelstücke einlegen, den Holundersaft hinzufügen und 5 Minuten gar ziehen lassen. Die Nelken und die Zimtstange herausnehmen. Die Stärke in dem Wasser anrühren und die Suppe damit andicken. Einen flachen, großen Topf mit Wasser erhitzen. Für die Häubchen die Eiweiße mit dem Zucker steif schlagen. Mit zwei Teelöffeln Klößchen vom Eiweiß abstechen und auf das heiße Wasser setzen. Zugedeckt gar ziehen lassen. Herausnehmen und zum Servieren auf die Holundersuppe setzen.

Pikante Saucen

WEISSE GRUNDSAUCE

40 g Butter, 40 g Mehl, 1/4 l Rindfleischbrühe, 1/4 l Milch

Die Butter mit dem Mehl in einem Topf hell anschwitzen und mit der Brühe und der Milch unter Rühren aufgießen.
Diese Sauce kann man mit süßer oder saure Sahne, Crème fraîche, Eigelb, Weißwein, speziellen Gewürzen oder Kräutern verfeinern. Zum Aufgießen eignen sich auch andere Flüssigkeiten wie z. B. Geflügel-, Fisch-, Gemüse-, Kalbs- oder Wildfond.

BRAUNE GRUNDSAUCE

40 g Butter, 40 g Mehl, 1/2 l Rindfleischbrühe

Die Butter mit dem Mehl in einem Topf braun anschwitzen und mit der Brühe unter Rühren aufgießen.
Diese Sauce kann man mit süßer oder saurer Sahne, Crème fraîche, Eigelb, Weißwein, speziellen Gewürzen oder Kräutern verfeinern. Zum Aufgießen eignen sich auch andere Flüssigkeiten wie z. B. Geflügel-, Fisch-, Gemüse-, Kalbs- oder Wildfond.

FRANKFURTER GRÜNE SAUCE

150 g saure Sahne, Vollmeersalz, weißer Pfeffer, 1 Prise Zucker, 1/2 TL Senf, Saft von 1 Zitrone, 3 hartgekochte Eier, 1 Bund gemischte Kräuter (z. B. Borretsch, Estragon, Kerbel, Petersilie, Sauerampfer, Pimpinelle, Schnittlauch)

Die saure Sahne mit Salz, frisch gemahlenem Pfeffer, dem Zucker, dem Senf und dem Zitronensaft glattrühren. Die Eier kleinhacken und zusammen mit den gewaschenen, feingeschnittenen Kräutern in die Sauce geben, durchrühren und eventuell nochmals abschmecken.

Die Sauce zu gekochtem Fleisch und Gemüse oder fritierten Fisch und Gemüsen wie z. B. Salbeiblättern servieren.

Abbildung unten

KRÄUTER-DIP

400 g Sahne-Quark (40%), 2 EL Salatmayonnaise, 2 TL Meerrettich, 2 EL gehackter Dill, 2 EL Schnittlauchröllchen, 2 EL gehackte Petersilie, 1 Spritzer Zitronensaft, Salz, Zucker

Quark mit Mayonnaise, Meerrettich und Kräutern verrühren. Mit Zitronensaft, Salz und Zucker abschmecken.

Tip: Gewaschene und gut abgetropfte Chicoréeblätter in den Dip tauchen und als Vorspeise servieren. *Abbildung oben*

ROSA-DIP

2 kleine Dosen Tomatenmark (je 70 g), 2 Becher Sahne-Joghurt (je 150 g), 4 EL Salatmayonnaise oder Cremé fraîche, 4 EL Weinbrand, Salz, weißer Pfeffer, Zucker, 1 kleine Knolle eingelegter Ingwer

Das Tomatenmark mit dem Joghurt und der Mayonnaise verrühren. Mit dem Weinbrand, Salz, frisch gemahlenem Pfeffer, dem Zucker und dem feingehackten Ingwer abschmecken.

Tip: Gewaschene und gut abgetropfte Chicoréeblätter in den Dip tauchen und als Vorspeise servieren. *Abbildung oben*

JOHANNISBEERSAUCE

(für 6 Personen)

1 kg Johannisbeeren, 1 kg Zucker, 2 unbehandelte Zitronen, 2 unbehandelte Orangen, 1/4 l Rotwein, 4 TL Senfpulver, 6 EL Essig-Essenz 25 %

Johannisbeeren waschen und von den Stielen streichen. Dann mit dem Zucker in einen hohen Topf geben. Die Zitronen und die Orangen mit einem Sparschäler dünn abschälen. Die Schalen in feine Streifen schneiden. Zusammen mit dem Rotwein und dem Senfpulver in einen Topf geben und etwa 5 Minuten kochen lassen. Die Zitronen und Orangen auspressen. Den Saft mit dem Rotwein und den Schalenstreifen zu den Johannisbeeren geben. Unter Rühren aufkochen lassen, bis die Beeren platzen. Mit der Essig-Essenz abschmecken und die Sauce noch weitere 15 Minuten einkochen lassen, bis sie dicklich ist. Die Sauce zu Wild, gekochtem oder gegrilltem Fleisch servieren.

SAUCE MOUSSELINE

4 Eigelb, 4 EL Rindfleischbrühe, 120 g Butter, 1 Prise Salz, weißer Pfeffer, 1 EL Zitronensaft oder trockener Weißwein, 3 EL geschlagene süße Sahne

Eigelbe im Wasserbad schaumig schlagen. Die Brühe löffelweise zugeben und Butter in Flöckchen unterrühren. Mit Salz, frisch gemahlenem Pfeffer und Zitronensaft oder Weißwein abschmekken. Kurz vor dem Servieren Sahne unterziehen. Die Sauce paßt zu gedünsteten Gemüsen.

KAPERNSAUCE

40 g Butter, 40 g Mehl, 1/2 l Gemüsebrühe, 3 EL Kapern, 1 TL Essig, 1 TL gehackte Kräuter, 1 Prise Zucker

Butter mit Mehl in einem Topf braun anschwitzen und mit der Gemüsebrühe unter Rühren aufgießen. Die Kapern mit einem Messer kleinhacken und dazugeben. Mit dem Essig, den Kräutern und dem Zucker abschmecken.

SPECKSAUCE

125 g durchwachsener geräucherter Speck, 40 g Mehl, 1/2 l Rindfleischbrühe

Speck würfeln und in einem Topf auslassen. Mehl dazugeben und unter Rühren hellbraun anschwitzen. Mit Brühe aufgießen und aufkochen, bis die Sauce sämig wird.

SCHNITTLAUCHSAUCE

40 g Butter, 40 g Mehl, 1/4 l Rindfleischbrühe, 250 g süße Sahne, 1 Bund Schnittlauch

Butter mit Mehl in einem Topf hell anschwitzen. Mit Brühe und Sahne aufgießen, unter Rühren aufkochen lassen, bis die Sauce sämig ist. Schnittlauch waschen, in Röllchen schneiden und zum Schluß unter die Sauce mischen.

PETERSILIENSAUCE

1 Becher Sahne-Dickmilch (200 ml), 2 EL Milch, 1 TL Zitronensaft, Zucker, Salz, weißer Pfeffer, 1 Bund Petersilie

Dickmilch in eine Schüssel geben, mit Milch und dem Zitronensaft verrühren. Mit Zucker, Salz und frisch gemahlenem Pfeffer abschmecken. Petersilie waschen, trockentupfen, kleinschneiden und zum Schluß unter die Sauce rühren.

PETERSILIEN-PESTO

3 Bund Petersilie, 4 Knoblauchzehen, 1 Prise Salz, 2 EL Pinienkerne, 6 EL Parmesan, 1/8 l Olivenöl

Petersilie waschen, abtropfen lassen und die Blätter von den Stengeln zupfen. Knoblauchzehen schälen und mit Petersilienblättern, Salz und Pinienkernen in einem Mörser zu einer Paste zerreiben. Nach und nach den frisch geriebenen Parmesan und Öl dazugeben, bis eine dicke Paste entsteht.

ROQUEFORT-DRESSING

160 g Roquefort, 2 TL Essig-Essenz 25%, 8 EL trockener Sherry, 1 Msp. weißer Pfeffer, 1 Prise Zucker

Roquefort mit einer Gabel zerdrücken, er sollte bröckelig sein. Essig-Essenz mit Sherry, frisch gemahlenem Pfeffer und Zucker vermischen. Die Marinade mit dem Käse verrühren, das Dressing zu Rohkost servieren. *Abbildung rechts*

APFELMEERRETTICH

1/2 Stange frischer Meerrettich, 1 Apfel, 2 EL Essig, 1/2 TL Zucker, 1 TL scharfer Senf, weißer Pfeffer, 125 g süße Sahne

Den Meerrettich und den Apfel schälen, fein reiben und mit dem Essig, dem Zucker, dem Senf und dem frisch gemahlenen Pfeffer vermischen. Die Sahne steif schlagen und unter den Meerrettich mischen.
Paßt sehr gut zu gekochtem Fisch und Fleisch.

SAHNEMEERRETTICH

1/2 Stange frischer Meerrettich, 2 EL Essig, 1/2 TL Zucker, 1 TL scharfer Senf, weißer Pfeffer, 250 g süße Sahne

Meerrettich schälen, fein reiben und mit Essig, Zucker, Senf und frisch gemahlenem Pfeffer vermischen. Die Sahne steif schlagen und unter den Meerrettich heben. Paßt sehr gut zu gekochtem Fisch und Fleisch.

PFEFFERMINZSAUCE

1 Becher Sahne-Dickmilch (200 ml), 2 EL Milch, 1 TL Zitronensaft, Zucker, Salz, weißer Pfeffer, 1 Bund Pfefferminze

Dickmilch in eine Schüssel geben, mit Milch und Zitronensaft verrühren. Mit Zucker, Salz und frisch gemahlenem Pfeffer abschmecken. Pfefferminze waschen, Blättchen abzupfen, kleinschneiden und unter die Sauce rühren.

PINIENSAUCE MIT KNOBLAUCH

(für 6 Personen)

4 Eigelb, 1 EL Essig oder Zitronensaft, 1 EL mittelscharfer Senf, 300 ml Olivenöl, 4 Knoblauchzehen, 2 gehackte EL Pinienkerne, Salz, weißer Pfeffer

Eigelbe mit einem Schneebesen oder einem elektrischen Handrührgerät verrühren. Essig mit Senf verrühren und dazugeben. Öl nach und nach, erst tropfenweise, dann mit dünnem Strahl unter Rühren hinzugießen, bis die Masse sämig wird. Knoblauchzehen schälen, durch die Presse drücken und zur Mayonnaise geben. Die gehackten Pinienkerne unterheben und nochmals gut durchrühren. Mit Salz und frisch gemahlenem Pfeffer abschmecken.

KRÄUTER-MAYONNAISE

(für 6 Personen)

4 Eigelb, 1 EL Essig oder Zitronensaft, 1 EL mittelscharfer Senf, 2 Knoblauchzehen, 300 ml Olivenöl, Salz, weißer Pfeffer, 4 EL gemischte gehackte, frische Kräuter (z.B. Basilikum, Petersilie, Dill, Estragon, Zitronenmelisse usw.) oder tiefgefrorene Kräuter

Eigelbe mit einem Schneebesen oder einem elektrischen Handrührgerät verrühren. Essig mit Senf vermischen und dazugeben. Knoblauchzehen schälen und durch die Presse drücken, dazurühren. Nun das Öl nach und nach, erst tropfenweise, dann mit dünnem Strahl unter Rühren hinzugießen, bis die Masse sämig wird. Mit Salz und frisch gemahlenem Pfeffer abschmecken. Die Kräuter waschen und fein hacken, dann unter die Mayonnaise rühren.

ORANGENSAUCE

1 unbehandelte Zitrone, 1 unbehandelte Orange, 20 g Pflanzenmargarine, 1/4 l Bratensaft, 1 EL Orangenmarmelade, Salz, weißer Pfeffer, 2 EL Orangenlikör, 125 g süße Sahne

Die mit heißem Wasser abgewaschene Zitrone und die Orange sehr dünn schälen, dann in feine Streifen schneiden. Die Orange auspressen. Die Schalenstreifen in der Margarine leicht anbräunen. Die Schalen herausnehmen. Mit Orangen- und Bratensaft aufgießen, dann die Sauce aufkochen lassen. Die Marmelade einrühren und mit Salz und frisch gemahlenem Pfeffer abschmecken. Den Orangenlikör und die Sahne dazugeben und nochmals kurz aufkochen lassen. Die Sauce zu gebratener Ente servieren. *Abbildung rechts*

CALVADOSSAUCE

1 unbehandelte Zitrone, 1 unbehandelte Orange, 20 g Pflanzenmargarine, 1/4 l Bratensaft, 1 EL Apfelgelee, Salz, weißer Pfeffer, 2 EL Calvados (Apfelschnaps), 125 g süße Sahne

Die Zitrone und die Orange sehr dünn schälen und in feine Streifen schneiden. Die Orange auspressen. Die Schalenstreifen in der Margarine leicht anbräunen, dann herausnehmen. Mit dem Orangen- und dem Bratensaft aufgießen, dann die Sauce aufkochen lassen. Den Apfelgelee einrühren, mit Salz, frisch gemahlenem Pfeffer und dem Calvados abschmecken. Die Sahne steif schlagen und unter die Sauce heben.

Die Sauce zu gebratenem Geflügel oder Wild servieren. *Abbildung rechts*

FRANCE
40% vol

SCHNITTLAUCH-MAYONNAISE

(für 6 Personen)

4 Eigelb, 1 EL Essig oder Zitronensaft, 1 EL mittelscharfer Senf, 2 Knoblauchzehen, 300 ml Olivenöl, Salz, weißer Pfeffer, 1 Bund Schnittlauch

Die Eigelbe mit einem Schneebesen oder einem elektrischen Handrührgerät verrühren. Essig mit dem Senf verrühren und dazugeben. Knoblauchzehen schälen und durch die Presse drücken, dazugeben. Öl nach und nach, erst tropfenweise, dann mit dünnem Strahl, unter Rühren hinzugießen, bis die Masse sämig wird. Mit Salz und frisch gemahlenem Pfeffer abschmecken. Schnittlauch waschen, in Röllchen schneiden und unter die Mayonnaise rühren.

PFEFFERSAUCE

20 g Pflanzenmargarine, 1 kleine Knoblauchzehe, 1 1/2 TL mittelscharfer Senf, 1/2 Glas Weißwein, 1/4 l Bratensaft, 1 EL Whiskey, 200 g süße Sahne, Salz, weißer Pfeffer, 2 EL frische rote Pfefferkörner

Margarine in einem Topf erhitzen, Knoblauch schälen und fein hacken und mit dem Senf dazugeben. Mit Weißwein ablöschen. Alles kurz aufkochen und Bratensaft, Whiskey und Sahne einrühren, ca. 5 Minuten kochen lassen. Die Sauce mit Salz und frisch gemahlenem Pfeffer abschmecken. Zum Schluß Pfefferkörner einrühren. Die Sauce paßt sehr gut zu gebratener Ente oder Rindfleisch.

KRÄUTER-KNOBLAUCH-SAUCE

(für 8 Personen)

4 Knoblauchzehen, 1 EL gehackte Petersilie, 2 Eigelb, 1/8 l Olivenöl, 125 g saure Sahne, 1 TL Salz

Die Knoblauchzehen schälen und durch die Presse in eine Schüssel drücken. Die Petersilie waschen und fein hacken. Die Eigelbe unter Rühren hinzufügen und das Öl erst tropfenweise, dann in dünnem Strahl, am besten mit einem Handrührer dazurühren, bis die Sauce dicklich wird. Die saure Sahne und die Petersilie unterrühren. Zum Schluß mit Salz abschmecken.

WEINSAUCE

4 Schalotten, 2 EL Butter, 4 cl trockener Wermut, 1/8 l trockener Weißwein, 1/4 l Rinderfond, 200 g Crème double, 100 g süße Sahne

Schalotten schälen und fein hacken. Butter in einer Pfanne erhitzen und Schalotten glasig dünsten. Mit Wermut ablöschen und 5 Minuten dünsten lassen, die Flüssigkeit fast verkochen lassen, dann mit Wein aufgießen. Mit Rinderfond auffüllen und auf 1/3 der Flüssigkeit einkochen lassen. Anschließend die Crème double einrühren und 5 Minuten leicht köcheln lassen. Die Sauce durch ein Haarsieb gießen. Die Sahne steif schlagen und unter die Sauce heben.

SPINAT-KNOBLAUCH-PASTE

250 g mehlige, gekochte Kartoffeln, 250 g frischer Spinat, 100 g Rahmfrischkäse, 30 g Butter, Salz, schwarzer Pfeffer, 4 Knoblauchzehen, 3 TL Essig-Essenz 25%

Kartoffeln noch heiß durch die Presse drücken. Spinat putzen, waschen und in einem Topf 1 - 2 Minuten andünsten. Herausnehmen, abtropfen lassen in einem Mixer pürieren. Die Kartoffelmasse mit Spinat, Frischkäse und Butter vermischen. Mit Salz und frisch gemahlenem Pfeffer abschmecken. Knoblauchzehen schälen, durch die Presse drükken, zugeben und untermischen. Zum Schluß mit Essig-Essenz abschmecken. Schmeckt sehr gut als Brotaufstrich oder mit süßer Sahne verrührt als delikate Grillsauce. *Abbildung rechts*

HONIG-SENF-SAUCE

1 Knoblauchzehe, 6 EL mittelscharfer Senf, 1/8 l Öl, 1 TL Salz, 1 TL Pfeffer, 4 EL flüssiger Honig, 3 TL Essig-Essenz 25%, 2 Eigelb, 2 Bund frischer Dill, 1 TL Weinbrand

Knoblauchzehe schälen und durch die Presse drücken. Aus der Knoblauchzehe, Senf, Öl, Salz, frisch gemahlenem Pfeffer, Honig, Essig-Essenz und den Eigelben eine Sauce rühren. Dill waschen und fein schneiden, dann untermischen. Zum Schluß mit Weinbrand abschmecken. *Abbildung rechts*

PAPRIKA-TOMATEN-SAUCE

3 rote Paprikaschoten, 1 gelbe Paprikaschote, 250 g Tomaten, 30 g durchwachsener Räucherspeck, 1 Zwiebel, 2 Knoblauchzehen, 2 TL Paprikapulver edelsüß, Salz, schwarzer Pfeffer, 2 TL Essig-Essenz 25%, 6 Nadeln Rosmarin

Die Paprikaschoten waschen, ca. 10 - 15 Minuten bei 250 Grad C im Backofen auf dem Rost backen, bis die Häute schrumpfen. Herausnehmen, kalt abschrecken, enthäuten, halbieren und entkernen. Je 1/4 rote und gelbe Paprikaschote fein würfeln und beiseite stellen. Die Tomaten waschen und mit den übrigen Paprikaschoten pürieren. Den Speck würfeln. Die Zwiebel und die Knoblauchzehen schälen und ebenfalls würfeln. Den Speck in einer Pfanne auslassen, die Zwiebel- und Knoblauchwürfel darin andünsten. Beides zum Paprikapüree geben und mit Paprikapulver, Salz, frisch gemahlenem Pfeffer, Essig-Essenz und Rosmarin würzen, einmal aufkochen lassen und die Paprikawürfel untermischen.
Die Sauce schmeckt warm oder kalt zu gegrilltem Fisch und Fleisch.

Abbildung oben

SAUCE BÉCHAMEL

40 g Butter, 40 g Mehl, 1/4 l Milch, 250 g süße Sahne, 3 Eigelb, Salz, weißer Pfeffer, geriebene Muskatnuß, 2 EL Butter

Die Butter in einen Topf geben und zerlaufen lassen, das Mehl zugeben und unter Rühren eine helle Mehlschwitze kochen. Wenn die Mehlschwitze kraus aussieht, die Milch langsam unter Rühren einlaufen lassen. Die Sahne mit den Eigelben verquirlen, unter die nicht mehr kochende Sauce rühren. Mit Salz, frisch gemahlenem Pfeffer und Muskatnuß abschmecken, dann die restliche Butter unterziehen. Die Sauce darf nun nicht mehr kochen, da sie sonst gerinnt.

PREISELBEERSAUCE

1 kg frische Preiselbeeren, 2 Äpfel, 1 Orange, 1 Stück frischer Ingwer, 200 g Zucker, 1/4 l Rotwein, 1 EL scharfer Senf, 1 Lorbeerblatt, 3 Wacholderbeeren, 2 Nelken, Zitronensaft, Pfeffer

Die Preiselbeeren verlesen, waschen und abtropfen lassen. Die Äpfel schälen, vierteln und das Kerngehäuse entfernen, dann in Würfel schneiden. Die Orange heiß abwaschen und abtrocknen. Die Hälfte der Orangenschale hauchdünn abschälen und sehr fein hacken. Die Orange halbieren und dann auspressen. Den frischen Ingwer schälen und fein hacken. Die Preiselbeeren, die Apfelwürfel, die Orangenschale und -saft, den Ingwer, den Zucker, den Rotwein, den Senf und die Gewürze in einem Topf mischen. Aufkochen und zugedeckt bei milder Hitze unter Rühren 10 - 15 Minuten leise kochen lassen. Vom Herd nehmen und zugedeckt abkühlen lassen. Die Gewürze herausnehmen und die Sauce nach Geschmack mit Senf, Zitronensaft, Zucker und frisch gemahlenem Pfeffer abschmecken.

Die Sauce paßt zu Wild- und Fleischgerichten.

CUMBERLANDSAUCE

Schalen von 1 unbehandelten Orange und 1 Zitrone, 1 Glas Rotwein, 1/8 l Rinderfond, 1 EL Kräutersenf, 2 EL Orangensaft, Salz, weißer Pfeffer, 2 EL Johannisbeergelee

Die dünn abgeschälte Orangen- und Zitronenschale in feine Streifen schneiden. Den Rotwein und die Brühe in einem Topf erhitzen und die Schalen darin weich kochen. Den Senf dazugeben, mit dem Orangensaft, Salz und frisch gemahlenem Pfeffer abschmecken. Die Sauce etwas einkochen lassen. Zum Schluß das Johannisbeergelee unterrühren, bis es sich aufgelöst hat.
Die Sauce schmeckt zu Wildgerichten und Roastbeef.

SELBSTGERÜHRTE MAYONNAISE

(für 6 Personen)

4 Eigelb, 1 EL Essig oder Zitronensaft, 1 EL mittelscharfer Senf, 4 Knoblauchzehen, 300 ml Olivenöl, Salz, weißer Pfeffer

Eigelbe mit einem Schneebesen oder einem elektrischen Handrührgerät verrühren. Essig mit dem Senf vermischen und dazugeben. Die Knoblauchzehen schälen, durch die Presse drücken und dazugeben. Nun das Öl nach und nach, erst tropfenweise, dann mit dünnem Strahl unter Rühren zugießen, bis die Masse sämig wird. Mit Salz und frisch gemahlenem Pfeffer abschmecken.

INDISCHE CURRYSAUCE

1 Zwiebel, 1 eingelegte Ingwerknolle, 10 g Butter, 1 EL Kokosflocken, 1/2 TL Currypulver, 1/2 l Wasser, 1/8 l trockener Weißwein, 1 Schächtelchen Currysauce (Fertigprodukt), 1 Prise Zucker, gekörnte Brühe, 1 EL saure Sahne

Die Zwiebel schälen und in feine Würfel schneiden. Die Ingwerknolle fein hacken. Die Butter in einem Topf erhitzen, die Zwiebelwürfel, die Ingwerknolle sowie die Kokosflocken und den Curry dazugeben, kurz anbraten. Mit Wasser und Weißwein auffüllen und zum Kochen bringen. Die Currysauce einrühren und 1 Minute aufkochen lassen. Mit Zucker und gekörnter Brühe abschmecken. Die Sauce mit der sauren Sahne verfeinern.
Die Sauce paßt zu Schweinelendchen und zu Geflügel. *Abbildung rechts*

SAUCE BIGARADE

1 unbehandelte Orange, 1/2 Tasse Rotwein, 2 TL Johannisbeergelee, Wasser, 1 Schächtelchen Rahmsauce

Die Orange waschen und abtrocknen. Die Schale von 1/2 Orange ganz dünn schälen und in feine Streifen schneiden. Die Orange auspressen, den Saft mit dem Rotwein und dem Johannisbeergelee verrühren. Alles mit der Schale in einen Topf geben und 5 Minuten kochen lassen. Mit Wasser auf 1/4 Liter ergänzen und zum Kochen bringen. Die Rahmsauce einrühren und aufkochen.
Die Sauce paßt sehr gut zu Geflügel.

Abbildung rechts

AMERIKANISCHE SAUCE

1/4 l Wasser, 1 Schächtelchen Kräutersauce, 100 g Salatmayonnaise, 1 Gewürzgurke, 50 g Tomatenpaprika, 4 TL Tomatenketchup, gekörnte Brühe

Das Wasser in einem Topf zum Kochen bringen. Die Kräutersauce einrühren, aufkochen und vom Herd nehmen, dann die Mayonnaise einrühren. Die Gurke und den Tomatenpaprika in kleine Würfel schneiden und zur Sauce geben. Mit Tomatenketchup und Brühe abschmecken. Die Sauce kalt zu Fondue, Steaks, gebratenem Fisch und Grilladen servieren. *Abbildung Seite 81*

SAUCE JULIENNE

1 Bund Suppengrün, 20 g Butter, 1/4 l Wasser, 1 Lorbeerblatt, 1 Würfel Bratensaft, schwarzer Pfeffer

Das Suppengrün putzen, waschen und in feine Streifen schneiden. Die Butter in einen Topf geben und erhitzen. Das Gemüse darin 5 Minuten andünsten. Mit dem Wasser aufgießen und das Lorbeerblatt dazugeben, aufkochen lassen. Den Bratensaft einrühren und ca. 10 Minuten kochen, bis die Sauce sämig wird. Das Lorbeerblatt herausnehmen und die Sauce mit frisch gemahlenem Pfeffer abschmecken.
Die Sauce schmeckt zu Filet- und Rumpsteaks, Leber und Roastbeef

Abbildung Seite 81

ECHTE HOLLÄNDISCHE SAUCE

4 Eigelb, 4 EL Rindfleischbrühe, 120 g Butter, 1 Prise Salz, weißer Pfeffer, 1 EL Zitronensaft oder trockener Weißwein

Die Eigelbe im Wasserbad schaumig rühren. Die Brühe löffelweise zugeben und die Butter in Flöckchen unterrühren. Mit dem Salz, dem frisch gemahlenen Pfeffer und dem Zitronensaft oder Weißwein abschmecken.
Die Sauce paßt zu gekochten und gedünsteten Gemüsen.

FALSCHE HOLLÄNDISCHE SAUCE

40 g Butter, 40 g Mehl, 1/4 l Milch, 1/4 l Rindfleischbrühe, 1 TL Zitronensaft, Salz, weißer Pfeffer, 1 Eigelb

Die Butter mit dem Mehl in einem Topf hell anschwitzen und mit der Milch und der Brühe unter Rühren aufgießen. Den Zitronensaft hinzufügen. Mit Salz und frisch gemahlenem Pfeffer abschmecken. Ein verquirltes Eigelb unterrühren.

WARME MEERRETTICHSAUCE

1/2 Stange frischer Meerrettich, 50 g Butter, 50 g Semmelbrösel, 1/4 l Rindfleischbrühe, 1 EL Essig, 1 TL Zucker, Salz

Den Meerrettich schälen und fein reiben. Die Butter in einem Topf zerlassen und die Semmelbrösel darin goldgelb anrösten. Mit Rindfleischbrühe und Essig aufgießen, mit Zucker und Salz abschmecken. Kurz aufkochen lassen und den Meerrettich dazugeben, unter Rühren nochmals erhitzen.
Schmeckt zu Fisch und gekochtem Fleisch.

KNOBLAUCHSAUCE

4 Eigelb, 6 Knoblauchzehen oder Knoblauch-Paste, 75 ml Olivenöl, 1 TL Zitronensaft, Salz, Cayennepfeffer

Die Eigelbe mit einem Schneebesen oder einem elektrischen Handrührgerät gut aufschlagen. Die Knoblauchzehen schälen, durch die Presse drücken und zu der Eigelbmasse geben. Das Olivenöl erst tropfenweise, dann mit dünnem Strahl einrühren, bis eine sämige Sauce entsteht. Mit dem Zitronensaft, dem Salz und dem Cayennepfeffer abschmecken.

KRESSESAUCE

1 Tomate, 1 Becher Sahne-Dickmilch (200 ml), 2 EL Milch, 1 EL Zitronensaft, Salz, weißer Pfeffer, 1 Päckchen Kresse

Tomate in kochendes Wasser tauchen, häuten, vierteln und entkernen. Das Fruchtfleisch in kleine Stücke schneiden. Dickmilch in eine Schüssel geben, Milch, Zitronensaft und Tomatenstückchen einrühren. Mit Salz und frisch gemahlenem Pfeffer abschmecken. Die Kresse waschen, die Blättchen mit einer Küchenschere abschneiden und zum Schluß unter die Sauce rühren.

ZITRONEN-DILL-SAUCE

1 Eigelb, 1/8 l Olivenöl, 2 Knoblauchzehen, 1 EL Kräutersenf, Salz, weißer Pfeffer, 1 EL Zitronensaft, 1 Bund Dill, 75 g süße Sahne

Das Eigelb mit dem Öl tropfenweise verrühren, am besten mit einem Handrührgerät. Die Knoblauchzehen schälen, durch die Presse drücken, dann mit dem Senf, Salz, frisch gemahlenen Pfeffer und dem Zitronensaft unter Rühren hinzufügen, bis die Sauce sämig wird. Den Dill waschen und fein schneiden. Die Sahne steif schlagen und mit dem Dill unter die Sauce heben.

Foto zu Rezept "Kalte Gurkensuppe", Seite 54

Süße Saucen

SHERRYSAUCE

4 Eigelb, 100 g Puderzucker, 100 ml Cream Sherry, 200 g süße Sahne

Eigelbe mit Puderzucker verrühren und im Wasserbad so lange schlagen, bis eine dickliche Masse entsteht. Sherry unter ständigem Rühren dazugeben, bis die Sauce cremig ist. Sahne steif schlagen. Die Sherrysauce in Eiswasser stellen und so lange rühren, bis sie kalt ist. Die Sahne unter die Sherrysauce heben. Eine raffiniert schmeckende Sauce zu Desserts, Früchten und Mehlspeisen.

BIERSCHAUMSAUCE

2 Eigelb, 1 Ei, 100 g Puderzucker, 1/4 l Bier

Eigelbe, Ei und Puderzucker schaumig rühren. Das Bier langsam einlaufen lassen und im Wasserbad so lange schlagen, bis die Sauce cremig weiß ist.

WEINSCHAUMSAUCE

3 Eigelb, 1 EL heißes Wasser, 125 g Puderzucker, 1/8 l Weißwein, 2 EL Rum

Die Eigelbe mit dem heißen Wasser verrühren und den Puderzucker untermischen. Im Wasserbad so lange schlagen, bis eine cremige Masse entstanden ist. Den Weißwein langsam unter ständigem Rühren und den Rum eßlöffelweise hinzugeben, bis die Sauce locker ist.
Die Sauce zu Desserts und Mehlspeisen servieren.

ZABAYONE

3 Eigelb, 100 g Zucker, 1/4 l Marsala (Südwein) oder süßer Sherry, 1/2 TL Zimt

Die Eigelbe mit dem Zucker cremig schlagen, ins Wasserbad stellen und nach und nach den Marsala oder Sherry mit dem Schneebesen unterrühren. Die Zabayone ist fertig, wenn die Masse etwa das doppelte an Volumen erreicht hat. Aus dem Wasserbad nehmen und mit dem Zimt würzen.
Noch warm zu frischen Früchten servieren.

ROTWEINSAUCE

50 g Rosinen, 400 ml Rotwein, 120 g Puderzucker, 1/2 Zimtstange, etwas Zitronenschale, 1 Nelke, 1 EL Speisestärke, 4 EL Wasser

Die Rosinen in Wasser einweichen. Den Rotwein mit dem Puderzucker, dem Zimt, der geriebenen Zitronenschale, den ausgedrückten Rosinen und der Nelke aufkochen. Die Speisestärke mit dem Wasser anrühren und die Sauce damit binden. Die Sauce zu süßen Puddings und Cremes servieren.

PFLAUMENSAUCE

1 kg Pflaumen, 200 g Zucker, 6 Nelken, 1/2 Stange Zimt

Die Pflaumen waschen, entstielen, entkernen, mit den übrigen Zutaten in einen Topf geben und aufkochen. Unter Rühren 5 Minuten ohne Flüssigkeitszugabe kochen lassen. Das Mus soll saftig, die Pflaumen aber nicht verkocht sein. Die Gewürze herausnehmen und erkalten lassen.

Die Sauce zu gekochtem Rindfleisch, Mehlspeisen oder Desserts servieren.

ORANGEN-JOGHURT-SAUCE

1/2 Becher Sahnejoghurt (75 g), 3 EL süße Sahne, 1 EL Zucker, 2 EL Orangensaft, 1 TL Zitronensaft, 1 EL Orangenlikör, 1 Orange

Den Joghurt mit der Sahne verrühren, den Zucker, den Orangen-, den Zitronensaft und den Orangenlikör hinzufügen. Die Orange filieren und kleinschneiden, dann unter die Sauce heben.

Die Sauce paßt zu frischen Früchten.

HONIGSAUCE

4 Eigelb, 1 1/2 EL Honig, 1 Spritzer Zitronensaft, 125 g süße Sahne, 4 EL Sekt

Die Eigelbe mit dem Schneebesen verrühren, den Honig hinzufügen und leicht schaumig schlagen. Mit dem Zitronensaft abschmecken. Die Sahne halbsteif schlagen und mit dem Schneebesen unter die Ei-Honig-Mischung heben. Zum Schluß den Sekt hinzufügen.

Die Sauce schmeckt besonders gut zu frischen Ananasscheiben oder anderen Obstarten. *Abbildung rechts*

HOLUNDERSAUCE

500 g Holunderbeeren, 250 g Pflaumen, 250 g Birnen, 75 ml Wasser, 75 g Zucker, 1 TL Zimt, 1/2 TL gemahlene Nelken, 75 g Semmelbrösel

Die Holunderbeeren entstielen, die Pflaumen waschen und entsteinen. Die Birnen schälen, vierteln und das Kerngehäuse entfernen. Die Früchte mit dem Wasser und dem Zucker aufkochen. Die Gewürze dazugeben und die Semmelbrösel zum Binden unterrühren. Aufkochen lassen und bei geringer Hitze musig kochen.
Als Beilage zu Mehlspeisen oder mit einem Eßlöffel Crème fraîche als Dessert servieren.

FRUCHTSAUCE

100 g Erdbeeren, 100 g Himbeeren, 2 EL Zucker, 1 EL Zitronensaft, 2 EL geschlagene süße Sahne

Die Erdbeeren und die Himbeeren putzen, dann waschen. Die Beeren mit dem Zucker und dem Zitronensaft pürieren. Zum Schluß die Sahne unterziehen.
Die Fruchtsauce paßt zu frischen Obstsalaten und Cremes.

LIMONENSAUCE

200 g Crème fraîche, 2 EL süße Sahne, 2 EL Limonensaft, 1 EL Honig, Salz, weißer Pfeffer

Crème fraîche in eine Schüssel geben, Sahne, den Limonensaft und Honig einrühren. Mit Salz und frisch gemahlenem Pfeffer abschmecken. Die Sauce paßt zu Fisch, Geflügel und Fleisch.
Tip: Die Crème fraîche kann durch saure Sahne oder Joghurt, der Limonen- durch Zitronensaft ersetzt werden.

ZIMTSAUCE

4 Eigelb, 125 g Puderzucker, 2 EL Zimt, 1/4 l Milch, 1 Prise Salz, 1 Vanilleschote, 4 Blatt weiße Gelatine, 250 g süße Sahne

Eigelbe mit Puderzucker und Zimt schaumig schlagen, bis die Masse weiß und cremig wird. Milch und Salz in einen Topf gießen, Vanilleschote der Länge nach aufschneiden. Das Vanillemark mit einem Messer herausstreichen und mit der Schote zur Milch geben. Die Milch aufkochen und die Schote 10 Minuten ziehen lassen. Die Vanilleschote herausnehmen. In der Zwischenzeit die Gelatine in kaltem Wasser einweichen. Die heiße Milch unter Rühren zur Eimasse gießen. Die Eiermilch unter Rühren mit dem Schneebesen wieder erhitzen, sie darf aber nicht kochen, da sie sonst gerinnt. Die Gelatine ausdrücken und unter die Eiermilch rühren, bis sie sich aufgelöst hat. Die Sauce erkalten lassen, die Sahne steif schlagen und unterheben.

VANILLESAUCE

125 g Puderzucker, 3 Eigelb, 1 Vanilleschote, 250 g süße Sahne

Puderzucker mit den Eigelben so lange schlagen, bis die Masse dick vom Löffel läuft. Die Vanilleschote der Länge nach aufschneiden und das Mark herausstreifen. Sahne mit dem Vanillemark und der Schote zum Kochen bringen, dann die Schote wieder entfernen. Die Vanillesahne langsam unter Rühren zur Eiermasse geben und im Wasserbad so lange schlagen, bis die Sauce cremig ist. Sofort servieren. Die Sauce paßt zu Mehlspeisen und Desserts.

Rezept-verzeichnis

Bildnachweis:

Titelfoto:
Christian Teubner, Füssen
Innenteil:
Atelier Frisch: Frau Antjes Feinschmecker-Studio S. 13, 17, 37 –
CBT-Hollandgemüse S. 33, 65
Cortina S. 49
3 GLOCKEN S. 44
IPR & O – Outspan S. 61
Komplett-Büro: Austernpilze S. 29 – CMA Butterschmalz S. 41 –
Kikkoman-Sojasauce S. 57 – Elfenbeinananas S. 89
Foto Maggi Kochstudio S. 45, 81
MPR Dr. Muth – Irish Whiskey S. 85
"neuform-Kochstudio" S. 53, 64
prhh Publicrelations – Essig-Essenz S. 69, 77
Roquefort Société S. 21, 25
Sanella S. 73
Segmente PR – Kochbeutel Reis-Fit Super Patna S. 56